뇌과학 외국어 학습 혁명

뇌과학 외국어 학습 혁명

발행일   2023년 10월 12일

지은이   이충호
펴낸이   손형국
펴낸곳   (주)북랩
편집인   선일영   편집   윤용민, 배진용, 김다빈, 김부경
디자인   이현수, 김민하, 임진형, 안유경, 최성경   제작   박기성, 구성우, 이창영, 배상진
마케팅   김회란, 박진관
출판등록   2004. 12. 1(제2012-000051호)
주소   서울특별시 금천구 가산디지털 1로 168, 우림라이온스밸리 B동 B113~114호, C동 B101호
홈페이지   www.book.co.kr
전화번호   (02)2026-5777   팩스   (02)3159-9637

ISBN   (종이책) 979-11-93304-89-1 03740   (전자책) 979-11-93304-90-7 05740

(주)북랩 성공출판의 파트너

북랩 홈페이지와 패밀리 사이트에서 다양한 출판 솔루션을 만나 보세요!

홈페이지 book.co.kr   •   **블로그** blog.naver.com/essaybook   •   **출판문의** book@book.co.kr

작가 연락처 문의 ▸ ask.book.co.kr

작가 연락처는 개인정보이므로 북랩에서 알려드릴 수 없습니다.

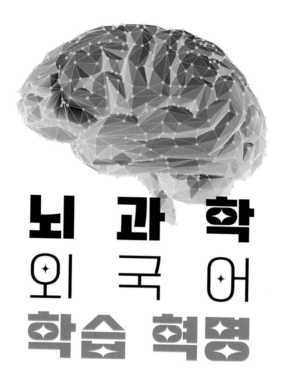

뇌 과 학
외 국 어
학습 혁명

이충호 지음

북랩

외국어를 배우면서 여러분의 학습 효율을 1%만이라도 향상할 수 있다면 바꿀 용의가 있는가? 이 책은 그런 분들을 위한 책이다. 여러 언어습득 연구 결과를 토대로 단 1%라도 향상할 수 있도록 세심한 내용을 기술하였다.

1%의 변화는 어제, 오늘, 그리고 내일 그 변화를 느낄 수 없을 정도로 매우 적다.

[그림 1] 1년 동안의 변화는 크지 않다

그러나 시간이 지나면 지날수록 이 차이는 실로 커진다.

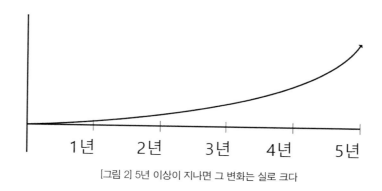

[그림 2] 5년 이상이 지나면 그 변화는 실로 크다

이 책으로 여러 방면에 있어서 적지 않은 여러 1% 향상 방법을 이해할 수 있을 것이다.

많은 분의 외국어 학습에 도움이 되기를 바라며…

이충호

CONTENTS

머리말   4

Part 1 인풋에 대한 이해

제1장	인풋, 어떻게 하지?	11
제2장	감정은 언어 학습에 지배적인 영향을 미친다	23
제3장	언어 습득 정도를 결정하는 정의적 여과 필터	29
제4장	듣기 이해력 향상하기	37
제5장	상황기반한 매체로 배우기	57
제6장	인지부하 이해하기	62
제7장	수용어휘력(Lexical Coverage) 이해하기	68
제8장	단어를 잘 외우는 방법	74
제9장	Use it or lose it	89
제10장	I teach you 방법	99
제11장	제스처를 취하라	104
제12장	회화 수업을 효율적으로 하기 위한 정보	113
제13장	1%의 마법	121

Part 2 　우리 아이 외국어 지도하기

제14장	아이는 만 9세 전후로 다르다	131
제15장	시청각 자료는 아이에게 얼마나 유용할까?	134
제16장	대화로 언어 발달이 얼마나 될까?	139
제17장	아이와 어른이 외국어를 배우는 방법은 무엇이 다를까?	144
제18장	아이들이 좋아하는 책은 어떤 것일까?	148
제19장	어떻게 아이 외국어 교육을 지도할까?	154
제20장	아이가 외국어를 잘 배우는지 판단하는 방법은 무엇일까?	159
제21장	의미 있는 대화란 것은 어떤 것을 의미할까?	169
제22장	일주일에 2번 수업 효과적일까?	174
제23장	아이들에게 이런 회화 수업은 시키지 말자	179
제24장	영어 교재는 쉬울수록 좋다	187

부록　　　　　　　　　　　　　　　　　　　　　　　193

Part 1

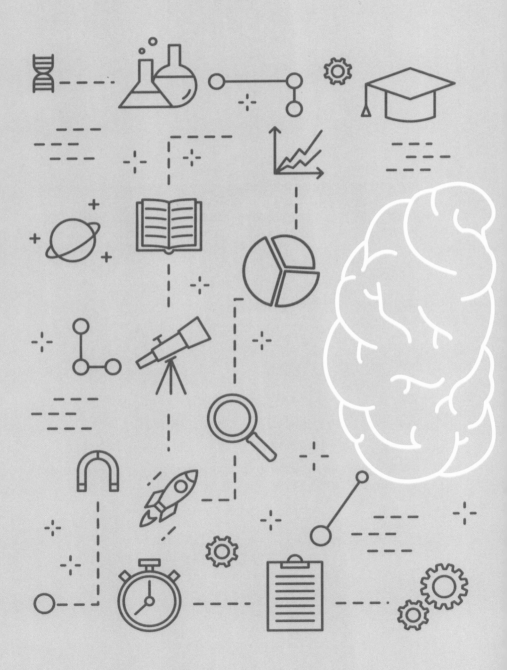

인풋에 대한 이해

제1장
인풋, 어떻게 하지?

인풋에 있어서 가장 쉽게 떠올리는 방법이 책을 읽는 것이다. 세계적으로 저명한 언어학자 크라센 박사는 읽기의 중요성을 다음과 같이 말한다.

> We acquire language in only one way.
> When we understand what people say and when we understand what we read.
>
> 우리는 단 한 가지 방법으로 언어를 습득한다.
> 사람들이 말하는 것, 그리고 우리가 읽는 것을 이해할 때이다.

우리는 언어를 어떻게 습득하는가?

좀 더 구체적으로 살펴보자. 책을 읽으면 같은 단어나 표현을 여러 번 반복하게 된다. 이렇게 이해할 수 있는 표현에 여러 번 노출됨으로써 우리는 그 표현을 자연스럽게 배운다.

How are you?

이 말을 자연스럽게 할 수 있을 때까지 얼마나 접했을까? 최소 수백 번 이상 될 것이다. 영어를 오랫동안 배운 사람들이라면 이 말을 이해하고 할 수 있다. 그만큼 많이 접했고 사용했기 때문이다. 외국어 표현을 이해해야 하며 그 표현을 수도 없이 접하게 되면 그 말을 자연스럽게 습득한다.

따라서 이해할 수 있는 표현을 많이 접하도록 노력하는 것이 언어 습득의 첫걸음이다.

필요 조건은 이렇다.

(가) 충분한 이해
(나) 단위 시간당 더 많은 표현

이런 인풋을 해나가면 빈도수가 가장 높은 단어와 표현부터 익히게 된다. 빈도수에 따라서 어떤 단어는 빨리 배우고 빈도수가 낮은 다른 단어는 더 긴 시간이 걸린다. 빈도수뿐만 아니라 특정 단어를 더 잘 기억하게 되는 이유는 다음 두 가지 사항에 의해서이다.

- 학습자의 경험 및 지식과 연관된 단어
- 학습자 감정의 변화를 자극할 수 있는 단어

　새로운 지식을 배운다는 의미는 이전의 경험과 지식에 새로운 지식을 연결한다는 것을 의미한다. 관련 지식과 경험이 있다면 새로운 단어의 의미를 빨리 이해할 수 있고 기억하기 쉽다. 또한 간혹 격한 감정이 담긴 말은 우리가 더 빨리 습득하기도 한다. 대표적인 예로, 'Fuck you'는 'How are you?'란 말보다 더 적은 노출 수에도 습득할 확률이 높다. 일본어 '気持ちいい(기분 좋아요)', 중국어 '我爱你(사랑해요)', 스페인어 'Puta madre(스페인어 욕)' 등도 빨리 배우는 경향이 있다. 이런 표현을 쉽게 배우는 이유는 감정과 관련이 있어서이다.

　그런 점에서 언어를 빨리 향상하고자 한다면 공부하려는 매체가 감정변화를 일으킬 수 있는 것이면 아주 좋다. 그런 매체를 통해 대량의 인풋을 하는 것이다. 전제조건은 이해를 충분히 하면서 단위 시간당 더 많은 표현을 접하도록 한다. 단위 시간당 더 많은 표현이란 쉽게 생각해서 1분당 몇 문장을 접하느냐이다.

　이해를 돕는 데 유용한 자료 중 몇 가지 예를 들어 보자.

[그림 3] 그림이 문장을 잘 묘사할수록 좋다

그림이 문장을 쉽게 이해할 수 있도록 그려져 있는 것이 가장 좋다. 미술적으로 아름다운 것은 중요하지 않다. 새로운 단어는 사전을 찾아보지 않을 정도로 그림의 묘사가 구체적일수록 좋다. 따라서 초보 학습자에게는 그림책을 추천한다.

중상급 이상의 학습자들에게 만화는 대표적으로 좋은 자료가 된다. 만화 한 컷에 대사가 한두 개에 불과하다. 묘사된 만화를 바탕으로 새로운 단어의 의미를 사전 없이 파악하기 쉽다. 아무런 그림이 없는 원서와 만화를 읽을 때 자연스럽게 이해할 수 있는 정도의 차이는 아주 크다.

뇌과학 외국어 학습 혁명

[그림 4] 만화도 좋은 어학 자료가 된다

[그림 5] 영화는 상급자에게 재미있는 어학 자료가 된다

영화에서는 드라마보다는 액션 영화가 영상을 통해 이해하기 쉽다. 효율을 따져본다면 일반적으로 만화가 영화보다 더 효율적이다. 왜냐면 만화는 읽기를 수반하기 때문이다.

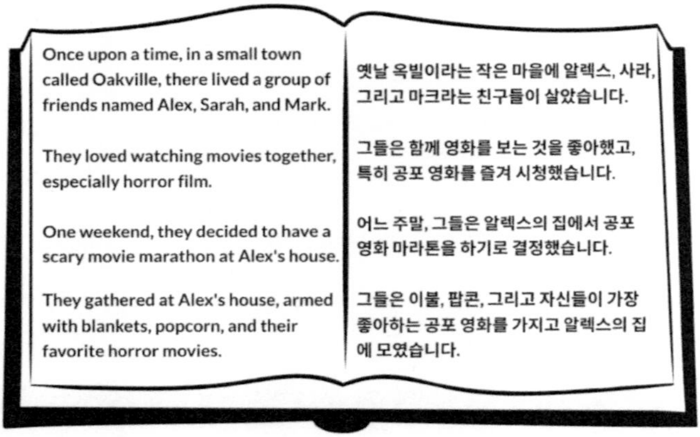

[그림 6] 왼쪽에 외국어(영어), 오른쪽에 한글 해석이 있는 책

바이링구얼 책은 주로 읽기를 통해 언어를 배우는 학습자들이 선호한다. 번역을 보고 원문의 뜻을 이해하고 단어를 비교해 가면서 사전검색 하는 시간을 줄인다. 원문을 번역 없이도 이해한다면 번역을 참고하지 않고 술술 읽는 것이 좋다.

몇 가지 설명한 것처럼 비록 모르는 단어가 있어도 사전을 찾아보지 않고 이해할 수 있는 매체일수록 단위 시간당 이해할 수 있

뇌과학 외국어 학습 혁명

는 인풋이 상승한다. 그림이나 화면으로 쉽게 이해할 수 있고 재미 있는 매체를 찾았다면 거기에 매진하면 된다. 같은 표현을 수백 번 이상 접할 수 있다면 그 표현은 비로소 내가 습득한다. 이 방법이 느린 것 같으면서도 빠르고 정확하다. 그리고 단어도 많이 알게 된 다. 책을 많이 읽는 사람이 어학 교재를 통해 배우는 사람보다 더 많은 단어를 알고 유창해지는 것은 당연한 결과다. 어학 교재로서 는 단위 시간당 노출되는 인풋의 양이 많지 않기 때문이다.

그리고 교재를 통해 배우든, 그림책이나 원서를 통해 배우든 몇 번만 접한 표현과 단어는 곧 잊고 만다. 열심히 외우려고 하나의 단어에 한 시간 이상 쏟아부어도 나중에 결국 잊게 된다. 결국 핵 심은 단위 시간당 접하는 단어나 표현의 수가 어느 것이 더 많은 가에 있다. 교재로 한 시간 공부하는 사람이 얼마나 많은 표현을 접하게 될까? 책 읽기는 최소 분당 100~150단어 이상을 접하게 된 다. 한 시간이면 6,000~9,000단어를 접하게 된다. 이 중에서 같은 단어를 여러 번 중첩해서 접할 수 있다. 이런 점에서 책 읽기를 하 는 사람과 교재로만 공부하는 사람의 언어향상은 크게 차이가 나 기 마련이다. 따라서 교재는 참고용으로 보는 것이 좋다. 기초지식 을 쌓는 데 활용하는 것이다.

영화나 드라마 자막을 공부하는 방법은 책 읽기와 유사하다. 종 이책을 읽는 것보다 접하는 단어 수가 약간 적지만 교재보다는 더 많다. 문제는 두 가지가 있다. 난이도가 매우 높으며 외국인으로서 이해하기 어려운 문화적 배경이 깔려 있다. 반면에 원서나 이야기책은 구체적이며 잘 다듬어진 문장으로 적혀져 있다. 이런 점에서 전체 문장 개수당 효율적으로 언어를 배울 수 있는 것은 책이 더 우수하다. 물론. 재미의 정도는 영화나 드라마가 월등히 높다. 여러 점에서 이제 막 배우는 사람은 영화나 드라마로 효율적으로 배우기 어렵다. 이 부분에 대해서 〈과학적으로 외국어를 배우는 방법〉의 첫 부분에 예시로 든 적이 있다.

외국어를 잘 배우기 위해서 대량의 인풋은 필수 불가결하다. 그 후에 나머지는 우리의 두뇌가 알아서 정리해 준다. 문법을 공부하지 않고서도 올바르게 말할 수 있게 된다. 한국인이 한국어 문법을 설명 못 해도 한국어를 잘하는 것처럼 말이다. 반대로 문법을 공부해야 올바른 말을 할 수 있다는 전제는 성립하지 않는다. 그러려면 태어나서부터 문법을 배워야 했을까? 문법을 배우지 않아도 언어를 습득하는 능력이 어른이 되면 사라져 버릴까? 절대 아니다. 또 다른 예로, 한국에서 태어나 한국어를 하다가 미국에 이민을 가서 영어가 바이링구얼이 되는 사람들도 어마어마한 인풋에 의한 결과이지 미국에서 문법을 공부해서 되는 것이 아니다.
문법 공부에 몰두하면 유창해지는 건 어림도 없다. 왜냐면 그럴 시간에 책 읽기를 하는 것이 더 효과적이기 때문이다.

세 번째로 어떤 매체로 인풋을 해야 할까?

(가) 충분한 이해
(나) 단위 시간당 더 많은 표현
(다) 내적동기에 기반한 재미있는 매체

위 세 가지 다 충족하면 될수록 배움이 빠르다. 물론 위 세 가지가 결여된 방법으로도 외국어를 배울 수 있다. 그러나 시간은 배이상 더 걸린다. 효율성이 낮기 때문이다. 그래서 중도에 포기하는 경우도 생긴다. 승진, 취업, 입시나 토익, 토플 점수 등 외적동기로 공부하면 실질적으로 그 언어를 사용하기 위해서 배우는 것이 아니다. 진심으로 그 언어를 사용하고 싶어서 배울 때에는 학습 방법이 완전히 달라지기 때문이다. 다른 사람과 유창하게 대화하고 싶다면 그런 인풋을 해야만 한다. 정말 그 언어를 유창하게 사용하는 자신의 미래 모습을 상상해 보자. 그 모습을 실현하고 싶다면 지금부터라도 그대로 실천하면 된다. 마치 그 꿈이 오늘 실현된 것처럼 그 언어를 제대로 배우고 사용하는 것이다. 이것이 언어를 제대로 배울 수 있는 내적동기이다.

강한 내적동기와 함께 몰입할 수밖에 없을 만큼(Compelling) 흥미가 있는 매체로 배워야 한다. 최대 효과를 거두기 위해서 고려해야 할 두 가지가 있다.

- 아주 흥미롭고 이해할 수 있는 인풋

  (Compelling Comprehensible Input, CCI)
- 주목(Noticing)

CCI 가설에 따르면 시간 가는 줄 모르고 무아지경에 빠진 상태로 인풋 하게 되면 그 언어를 습득한다. 전제가 의미 있는 이해를 통해서다. 영화나 드라마를 즐겨 보면 몇몇 표현을 학습하지 않아도 자연스럽게 배울 수 있는 경우가 있다. 바로 CCI를 통해서다. 단순히 이해함으로써 습득이 일어나지 않는다. 교재를 공부할 때 이해해도 습득이 일어나지 않는 이유는 너무 흥미로워서 몰입할 수밖에 없는 요소가 빠져있기 때문이다.

이런 경우 우리가 주의를 기울이고 학습하는 것처럼 주목이 필요하다. 교재 속 새로운 표현에 주목하고 자신만의 방법으로 그 정보를 재처리하는 것이 학습이다. 이른바 공부라는 학습은 주목함으로써 이루어진다. 학교와 학원에서 이루어지는 언어 수업은 CCI 기반보다는 학습인 주목에 기반하는 경우가 많다.

언어 학습에 관해서 주목하는 과정은 아래와 같다.

a. 학습자는 언어에 노출된다.
b. 노출된 문맥이나 문장에서 특별한 특징에 주목한다.
c. 그 특징을 이해한다.
d. 이해한 그 특징은 학습자의 그 언어 목록에 저장된다.

e. 저장된 목록은 쓰기 및 발화가 가능해진다.

교재나 문법을 배우면서 일부 표현을 올바르게 말하는 것이 가능해지는 이유가 이런 과정을 통해서이다. 교재는 중요한 표현이 잘 정리되어 있다. 그래서 학습자들이 중요 표현에 쉽게 주의를 기울일 수 있다. 그러나 분량이 긴 듣기나 읽기를 할 때 주목을 놓치고 지나가는 경우가 많다. 이야기를 읽을 때 들인 노력에 비해 적은 표현을 배우고 있다고 여긴다면 주목에 주의할 필요가 있다.

주목을 취할 때와 CCI를 취할 때 언어 습득 효율을 비교하면 주목보다 CCI가 훨씬 높다. 따라서 CCI를 하면서도 주목에 유의하면 교재나 문법을 통해 배우는 효과보다 더 강력하고 효율적인 언어 습득을 할 수 있다. 이야기를 읽고 들을 때 일부 표현에 주목하고 하이라이트 하거나 노트에 직접 적는 것은 주목에 해당한다.

(가) 충분한 이해
(나) 단위 시간당 더 많은 표현
(다) 내적동기에 기반한 재미있는 매체
(라) 주목

최적의 인풋 방법과 공부할 매체를 찾았다면 이제 남은 것은 아웃풋, 즉 연습만 남아 있다. 인풋만 하고 아웃풋을 하지 않는다면 반쪽짜리가 된다. 더군다나 연습함으로써 피드백을 받고 스스로 교정할 수 있어서 아웃풋은 인풋 역할도 한다. 제10장 Use it or lose it에서 자세히 다루기로 한다.

최종적으로 정리해 보자.

(가) 충분한 이해
(나) 단위 시간당 더 많은 표현
(다) 내적동기에 기반한 재미있는 매체
(라) 주목
(마) 대화

제2장
감정은 언어 학습에 지배적인 영향을 미친다

감정은 인간의 인지 과정, 지각, 주의, 학습, 기억, 추론 및 문제 해결에 상당한 영향을 미친다. 감정이 수반되면 주의를 기울이는 정도가 달라진다. 어떤 행동을 취해야 하며, 어떤 것에 더 큰 주의를 기울여야 하는지 선택하는데 감정이 큰 역할을 하기 때문이다. 이러한 선택적 통제는 학습 향상과 깊은 관련이 있다. 나 자신에게 큰 의미가 없거나 관심 밖 대상이라면 큰 주의를 기울지 않는다.

학습자가 기울일 수 있는 주의력의 크기는 감정에 의해서 변화한다. 학습자에게 유의미하고 적절한 정보일수록 집중하기 쉽다. 또한 감정은 새로운 정보를 저장하거나 필요할 때 쉽게 기억해 내는 데 아주 중요한 역할을 한다.

언어 습득에 있어서 감정이 중요한 이유는 매 순간 우리의 인지와 인식을 변화시키기 때문이다. 외국어 시험을 치르기 전 긴장하거나 단어 숙제를 하기 싫은 감정 모두가 전부 관련이 있다. 외국인 이성친구를 통해 외국어를 배우면 학교나 학원보다 더 잘 배우게 되는 것도 감정과 관련이 있기 때문이다.

물론 여러 연구 결과에 따르면 감정이 항상 긍정적인 역할만 하는 것은 아니다. 때로는 부정적인 영향을 끼칠 수도 있지만 이 책에서는 긍정적인 언어 습득 부분만 다루기로 한다.

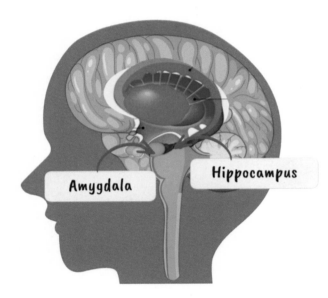

[그림 7] 편도체와 해마

눈과 귀 사이 만져보면 움푹 들어가는 부분이 있다. 이 부분의 안쪽에 측두엽이 있다. 측두엽 전방 안쪽에 위치한 편도체(Amygdala)와 해마(Hippocampus)는 상호작용을 통해 감정적인 장기 기억을 형성하는 데 크게 기여한다. 예를 들어 소설책을 읽을 때 이야기에 심취해서 여러 감정적인 변화를 느낄 수 있다. 이때 편도체가 그 이야기 속에 있는 문장을 더 잘 기억하도록 강화하는 역할을 한다. 이런 점에서 논픽션보다는 픽션으로 어학 공부를 하는 것이 더 효과적이다.

부모를 통해 모국어를 습득했을 때를 떠올려 보자. 매 순간 부모와 교감이 없었던 상황이 없었다. 그러나 외국어를 배울 때는 감정적으로 중립적인 학문적 환경에서 배우는 경우가 많다. 이는 모국어를 습득했던 환경과 크게 다르다. 오로지 학습적으로 접할 때는 감정적으로 공감하는 경우가 없다. 이는 외국어 학습의 효율을 크게 좌우한다.

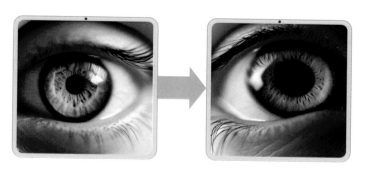

[그림 8] 동공의 크기가 커진다

우리가 상대방과 대화할 때 공감하거나 감정이 자극받을 때는 눈동자가 변화한다. 그래서 필자는 학습자들의 수업을 모니터링할 때 눈동자를 주시함으로써 얼마나 상대방의 말에 공감하고 집중하고 있는지 판단하는 경우가 많다. 외국어 선생님과 대화할 때 대화가 흥미롭다면 동공의 크기가 변화하기 때문이다. 동공의 크기가 커지는 학생은 다른 학생들보다 외국어를 더 잘 배운다. 이런 경우 배우는 효율은 크게 상승한다.

책을 읽을 때도 감정적으로 중립적인 문장을 읽을 때와 달리 감정이 충만한 문장을 읽을 때 동공의 크기가 달라진다.

결국 감정적으로 중립적인 상태나 학습자료로 열심히 외국어를 공부하더라도 외국인 친구들과 수다 떨면서 즐겁게 배울 때의 결과에 미치지 못하는 이유가 여기에 있다. 대표적으로 중립적인 자료의 예를 들어 보자.

- 학습지, 문법책, 단어장, 패턴 문장 등

모든 것을 다 열거하지 않고 쉽게 구분하는 방법은 재미난 이야기가 있는가 없는가이다.

그럼, 감정에 기반한 언어 습득이란 무엇일까?

이야기 속에서 주인공의 감정을 느낄 수 있는 그림책, 소설, 드라마, 영화 등으로 배우면 된다. 그리고 대화할 때는 자신이 나누고 싶은 대화로 연습하는 것이다. 그리고 대화 속에서 즐겁고, 재미있고, 감정이 동요하는 말을 배우면 그 표현은 더 오래 기억하게 된다.

필자가 마리아(가명) 외국인에게 한국어를 어떻게 배워야 하는지 이런 설명을 한 적 있다.

"'포옹한다'라는 동사를 배울 때를 가정해 보죠. 교재에서 배울 때는 마리아가 아무리 똑똑해도 이 말을 배우고 난 후 금방 잊어버리게 돼요. 그러나 이제 막 사귀기 시작한 마리아 한국 남자친구가 마리아를 안으면서 '이게 포옹한다'란 뜻이야. 라면 말하면 마리아는 이 말을 교재에서 배울 때 보다 더 잘 배우게 돼요. 왜냐면 마리아의 남자친구가 마리아를 안을 때 감정이 동요하기 때문이에요."

실제로 이런 실험을 해 보았고 단 한 번 행동을 통해 배운 단어는 다른 단어들보다 훨씬 더 오래 기억할 수 있었다.

이해하기 쉽게 이성친구를 예로 들었지만, 친구들과 만나서 대화하면 즐거운 건 누구나 같다. 그 친구들이 자신이 배우는 외국어 원어민이고 즐겁게 대화할 수 있다면 외국어를 잘 배우게 된다. 외국어 수업도 즐겁게 대화하는 것이 가장 효과적이다.

학습자가 기울일 수 있는 주의력 크기와 지속시간은 감정에 의해서 변화한다.
언어 습득에 있어서 감정이 중요한 이유는 매 순간 우리의 인지와 인식을 변화시키기 때문이다.

제3장

언어 습득 정도를 결정하는
정의적 여과 필터

　열심히 외국어 공부를 했는데 열심히 한 의도와 달리 때로는 노력한 결과를 제대로 못 받는 경우가 있다. 이와 반대로 열심히 하지도 않고 느긋하게 즐겼을 뿐인데 좋은 결과를 얻을 때도 있다. 참으로 이해하기 어려운 부분이다. 예를 들어 보자. 도서관에서 문법 또는 패턴 문장 공부를 열심히 하였다. 그리고 며칠 후 시험을 치를 때 기억이 안 나는 것이 너무 많다는 사실을 깨달을 때가 있다. 이와 반대로 공부하지 않았는데도 외국어 예능 프로그램에서 들었던 새로운 표현이 갑자기 되새김하듯이 머리에 번쩍 떠오른다거나, 팝송 가사가 뇌리에 박히는 경우도 있다.

　왜 열심히 공부해도 공부한 만큼 결과를 갖지 못하는 것일까? 두 가지 요인을 살펴보자.

가. 정의적 여과(Effective filter)

언어 습득에 관하여 세계적으로 저명한 크라센 박사의 가설이다.

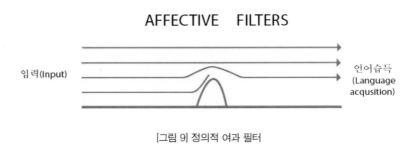

[그림 9] 정의적 여과 필터

필터라는 용어에서 짐작할 수 있듯이 언어학습을 할 때 우리는 배운 모든 것을 그대로 다 받아들이지 못한다. 학습자의 동기, 자신감, 그리고 불안감이 언어 습득에 지대한 영향을 끼친다.

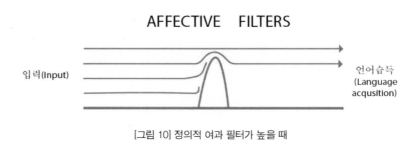

[그림 10] 정의적 여과 필터가 높을 때

불안감, 두려움, 당혹감 등의 부정적인 감정이 떠오르면 정의적 여과 필터가 상승한다. 따라서 언어를 습득하는 정도가 낮아진다. 예를 들어 수업에서 자주 꾸짖거나 자유로운 대화를 반복해서 끊고 교정하면 학생을 불편하게 만든다. 정의적 여과 필터가 상승하면 학습자는 들어오는 인풋의 상당 부분을 제대로 받지 못한다. 그래서 외국어 수업에서 학생의 실수를 자주 지적하고 나무라지 않는 것이 좋다. 항상 격려를 해주어야 한다.

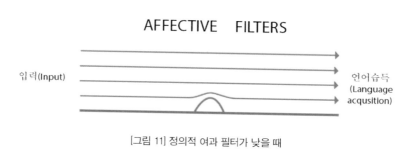

AFFECTIVE FILTERS

입력(Input)

언어습득
(Language
acqustion)

[그림 11] 정의적 여과 필터가 낮을 때

반면에 학습자의 동기가 높고 자신감이 충만하며 정서적으로 안정적일 때 필터가 낮아진다. 연령이 어린아이들의 경우 이 필터가 낮은 상태인지 높은 상태에 있는지 이해할 수 있는 방법은 간단하다. 아이의 표정을 보면 된다. 얼굴이 굳어 있는 상태로 학습하는 경우에는 정의적 여과 필터가 상승한 상태에서 배우고 있다고 여기면 큰 무리가 없다. 표정이 밝고 자주 웃으면서 배우는 경우에는 필터가 낮은 상태이며 외국어를 잘 배우고 있는 것에 해당한다.

이 정의적 여과 필터가 추상적으로 여겨진다면 뇌파 관점에서 살펴보자

나. 뇌파

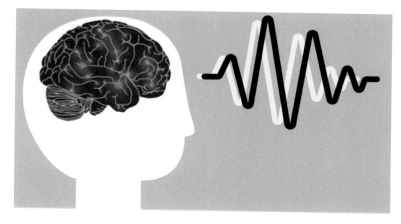

[그림 12] 정보는 전기신호로 변화한다

외부에서 정보를 받을 때 두뇌 속 뉴런은 다른 뉴런과 전기신호를 주고받는다. 이것이 뇌파(Brain Waves)다. 이런 뇌파는 주고받는 속도와 크기가 다르다. 정보를 주고받는 속도를 주파수(Frequency, Hz)라고 한다. 우리는 두뇌 속에서 전기가 흐른다는 것을 느낄 수 없지만 뇌전도 검사(Electroencephalogram, EEG)로 측정할 수 있다. 다섯 종류의 뇌파가 있다.

- 델타(Delta) : 깊은 수면 상태, 0.5~4Hz
- 세타(Theta) : 얕은 수면 상태 또는 느긋할 때, 4~8Hz.
- 알파(Alpha) : 깨어 있는 상태, 일반적인 활동상태, 8~12Hz
- 베타(Beta) : 집중하거나 공부하고 있을 때, 12~35Hz

- 감마(Gamma) : 새로운 정보를 처리하고 배울 때, 35Hz 이상

일반적으로 깨어 있고 새로운 정보를 배울 때는 알파파와 베타파 상태에 있다. 뉴로사이언스지에 실린 연구에 따르면 세타파(Theta)를 인위적으로 피실험자들의 두뇌에 주입하여 뇌의 주파수와 같게 동조시켰더니 기억력 향상이 일어났다. 실험의 내용은 이렇다.

50명의 피실험자에게 200단어를 단 한 번 공부시켰다. 36분 휴식 시간 동안 헤드폰과 고글을 착용시켜 각 그룹 군에게 깜빡이는 빛과 소리와 함께 세타파(5Hz)와 백색소음을 넣었다. 테스트할 때 새로운 100개 단어를 추가하여 이전 단어를 얼마나 기억하는지 실험하였다.

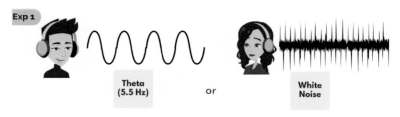

[그림 13] 세타파와 백색소음을 들려줌

두 번째 실험에서는 40명에게 세타파(5Hz)와 베타파(14Hz)를 주입하였다. 이후 뇌파검사(Electroencephalography, EEG)를 통해 측정한 결과는 놀라웠다.

뇌과학 외국어 학습 혁명

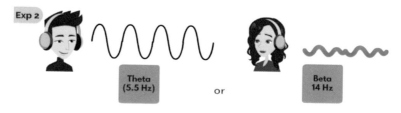

[그림 14] 세타파와 베타파를 들려줌

　　세타파가 주입된 실험 참가자들이 베타파와 백색소음을 받은 다른 참가자들보다 더 좋은 점수를 보였다.

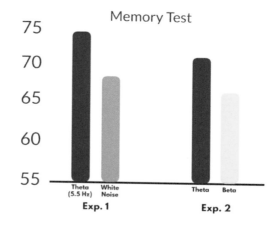

[그림 15] 세타파와 백색 소음을 들은 그룹이 기억력이 더 향상됨

　　이 연구 결과에서 알 수 있듯이 뇌파의 변화와 기억력향상은 큰 관련이 있다.

연구 내용처럼 복잡한 기계를 사용하지 않더라도 스스로 뇌파를 바꿀 수 있는 간단한 방법이 있다. 바로 명상이다. 명상을 한 후에는 집중력과 기억력이 향상된다. 명상할 때도 이 세타파(Theta)가 나오기 때문이다.

이처럼 새로운 언어를 습득하는 것은 열심히 공부한 시간만큼 정비례한 결과를 얻는 것이 아니기에 이해하기 어려운 점들이 있을 수 있다. 그러나 간단히 이해할 수 있는 말로 설명하자면 이렇다.

노력하는 자는 즐기는 자를 이길 수 없다.

너무 학습적으로만 공부하는 학습자라면 느긋하게 배우는 방법도 병행해야 할 것이다. 외국인 친구를 만나서 즐겁게 같이 놀면서 대화할 때 회화 실력이 일취월장하는 이유가 여기에 있다. 따라서 교재나 문법 등 학습적으로 지식을 주입하는 비중을 20~30%로 줄이고 대화, 책 읽기, 영화나 드라마 등 즐겁게 배우는 비중을 70~80% 정도로 교차적으로 번갈아 하면 좋은 결과를 얻을 수 있다.

제4장
듣기 이해력 향상하기

외국어 학습을 수치로 저울질할 수 있을 만큼 효율을 논할 수 있을까? 도대체 왜 다른 이는 나보다 더 외국어를 잘 배우는 것일까? 이런 의문이 든다면 다음부터 주의 깊게 보자.

지금 여러분이 보는 이 글자는 실은 글자가 아니다. 우리의 두뇌는 글자를 그 의미를 처리하기보다는 그림처럼 인식하기도 한다.

그래서 많이 읽을수록 친숙해진 단어 조합은 빠르게 '읽어' 나가는 것이 아니라 통째로 그림으로 인식하여 이해할 수 있다. 이는 왼쪽 귀 뒤쪽에 시각 단어 형태 영역(Visual Word Form Area, VWFA) 이란 특정 부위가 글자를 처리한다.

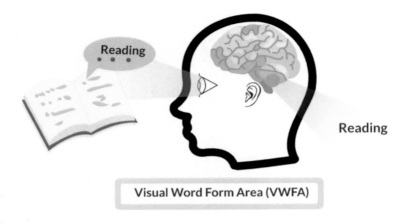

[그림 16] 시각 단어 형태 영역(VWFA)

조지타운대학 메디컬 센터에서 실제 단어와 가짜로 만들어진 단어에 실험자들이 어떻게 반응하는지 실험하였다. 참가자들의 뉴런은 실제 단어에 반응하였고 위조된 단어에는 반응하지 않았다. 우리가 글을 읽을 때 문자 하나하나 그대로 인식하여 정보를 처리한다면 단어가 가짜이든 진짜이든 간에 반응해야만 한다. 그러나 가짜 단어에는 반응하지 않았다.

그리고 가짜 단어를 배우게 한 다음부터는 참가자들의 뉴런이 반응했다.

따라서 우리가 글을 빠르게 이해하고 읽는다는 것은 시각 단어 형태 영역(VWFA)에 글자의 그림 정보가 많이 축적되어 있다는 것을 의미한다. 눈에 익숙한 그림(글자)이 많을수록 더 빠르게 인식하여 한순간에 처리할 수 있게 되는 것이다. 속독 훈련을 받지 않더

뇌과학 외국어 학습 혁명

라도 책을 많이 읽으면 읽을수록 빨리 읽게 되는 이치다.

소리는 어떨까? 글자보다 조금 더 복잡하다.
한국어 배울 때 듣기/말하기/읽기/쓰기 중에서 어느 방법으로 우리가 가장 많은 시간을 보냈는지 스스로 자문해 보자. 무엇일까?

연구 내용에 따르면 어려서부터 어른이 되기까지 모국어를 접하는 비중은 아래와 같다.

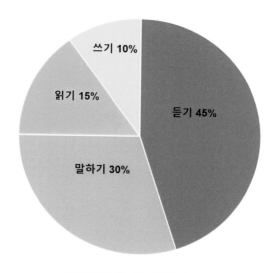

[그림 17] 듣기 비중이 월등히 높다

듣기의 비중이 확연히 높다. 한국어가 유창하게 된 이유가 듣기를 통해서임은 이견이 없을 것이다. 모국어뿐만 아니라 외국어 학습에서도 듣기는 아주 중요하다.

Rost(2001), Kurita(2012)의 연구에 따르면 성공적으로 언어를 잘 배우는 사람들은 항상 듣기를 통해 언어를 향상했다. Krashen (1985), Hamouda(2013)에 따르면 듣기가 이해할 수 있는 인풋을 얻는 데 중요한 핵심이며, 옥스포드(1990) 연구에서는 다른 세 가지 방법보다 듣기가 언어능력을 더 향상할 수 있다는 결론을 내리고 있다.

Rost(1994)&Ziane(2011) 연구에서는 듣기 이해력이 부족하다면 언어 습득이 일어나지 않고 Doff(1995)&Ziane(2011) 연구에 따르면 말하기 능력을 향상하는 데에도 큰 영향을 미친다.

듣기에 대해서 감각기관과 관련하여 살펴보자. 신체의 감각기관과 관련하여 다섯 가지 메모리가 있다.

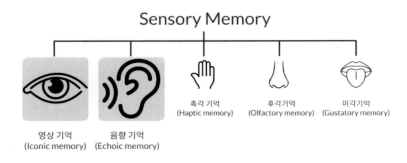

[그림 18] 감각 기억

외국어를 배울 때 소리와 글자 정보를 같은 경로로 저장하면 좋으련만 소리와 이미지 경로가 다르다. 글자를 보고 소리를 동시에

뇌과학 외국어 학습 혁명

들었지만, 글자에 대한 영상 기억(Iconic Memory)과 소리에 대한 음향 기억(Echoic Memory)이 각각 다른 경로로 들어간다. 그래서 두 정보를 저장하는 시간도 달라진다. 새로운 표현을 배우면 몇 분 후 또는 몇 시간 후에도 문장으로서는 무슨 뜻인지 기억을 한다. 그러나 소리는 다르다. 들자마자 말할 수 있지만 1분 이상 지나버리면 발음을 제대로 못 한다. 음향 기억이 영상 기억 시간보다 훨씬 짧기 때문이다. 여러 연구에 따라 편차가 있지만 대부분 10초를 넘기지 않는다. 평균적으로 3~4초에 해당한다. 따라서 새로운 외국어 표현을 들을 때 일반적으로 3~4초 동안은 기억할 수 있지만 시간이 더 지날수록 소리에 대한 기억이 희미해져 간다. 또다시 들어야만 이전 음향 기억을 다시 회복한다.

이와 관련된 재미난 연구가 있었다. 2010년 뉴로사이언스지에 실린 내용이다(Rapid Cortical Plasticity Underlying Novel Word Learning). 16명의 영국 피실험자에게 가짜로 만들어진 새로운 단어를 약 14분 이상 동안 각 단어 사이 약간의 시간 간격을 두고 160번 들려주었다. 그러자 그 가짜 단어들이 마치 예전에 알고 있는 단어를 볼 때와 비슷한 뇌파 유형으로 변해갔다. 왜 14분 동안 160번 정도인지 다음 연구도 더 필요하겠지만 다음 제9장에 설명할 내용과도 관련이 있다. 우리가 단어를 모국어처럼 사용할 수 있을 정도로 배운다는 의미는 긴 시간을 두고 수많은 반복을 통해서이다. 이 연구는 단 14분 만에도 새로운 단어를 깊게 배울 수 있다는 것을 의미한다. 위 연구는 음향 기억이 3~4초 정도 정점을 지나 기억이 점차 약해질 때 다시 반복되는 자극을 줌으로써 이 음향 기억을 유지하는 격이다. 결국 160번 후 강하게 인코딩이 된다는 의미로 해석할 수 있다.

음향 기억에 대해서 좀 더 자세히 살펴보자.

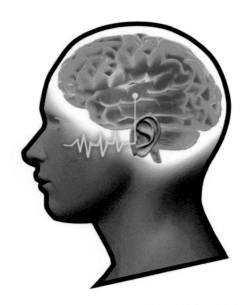

[그림 19] 들은 소리는 전기적 신호로 바뀌어 전달된다

뇌과학 외국어 학습 혁명

소리를 들을 때 청각 신경에서 소리를 전기적 신호로 바꾸어 뇌로 전달한다. 이때 소리는 아무런 가공을 거치지 않은 전기적 신호에 불과하다. 두뇌에 전달된 신호 정보를 처리하기 위해 해마에 위치한 일차 청각 피질(Primary Auditory Cortex)에 잠시 저장시킨다. 이 시간이 바로 음향 기억의 지속시간이다. 평균적으로 3~4초 후에 단기 기억(Short-term Memory)으로 다시 옮겨진다.

일상생활에서 음향 기억이 어떻게 작용하는지 예를 들어 보자. 자신이 다른 일을 집중하고 있을 때 누군가가 뒤에서 말을 건다. 이때 잘 못 들어서 '뭐라고요?' 되물은 적이 있을 것이다. 상대방이 다시 말하는 것을 끝내기 전에 그 말을 이해한 적이 없었던가? 청각 신경을 통해 들어온 소리는 아직 음향 기억에 남아 있다. 일반적으로 말의 후미를 잘 기억한다. 따라서 다른 사람이 다시 한번 더 말을 하면 상대방 말이 끝나기도 전에 이해해 버리는 경우가 있다. 음향 기억 속에 있는 말의 후미와 다시 말할 때 선두 부분이 연결되면서 이해하는 것이다.

음향 기억은 영상 기억에 비해 아주 짧은 시간 동안만 소리를 저장한다. 그래서 우리가 외국어를 배울 때 문장을 보면 의미는 쉽게 기억하지만, 몇 분 후에 직접 발음하려고 시도하면 올바른 소리를 제대로 내지 못한다. 다시 들어야만 원음에 가까운 소리를 흉내 낼 수 있다.

소리에 대한 기억이 짧다는 단점이 있기에 소리를 제대로 기억하려면 글자(이미지)를 축적하듯이 소리도 많이 들음으로써 축적해야만 한다. 영상 기억(글자)보다 더 큰 노력과 시간을 들여야만 한다. 그럼으로써 음향 기억이 단기 기억에 저장되고 다시 단기 기억에서 장기 기억으로 전환된다. 외국어를 잘하려면 많이 들으라고 권하는 이유가 바로 여기에 있다.

첫 번째로 소리를 제대로 인식하고, 두 번째로 들은 소리를 이해시키고, 마지막으로 반복함으로써 메모리에 저장하는 과정이 외국어 습득에서 가장 중요하다고 해도 과언이 아니다. 반복해서 메모리에 저장하는 방법은 단순히 듣기뿐만 아니라 직접 말해보는 대화와 연습도 포함한다. 단순 듣기보다 대화를 통하는 방법이 더 효율적이다.

[그림 20] 인식, 이해, 저장하는 3가지 단계를 가진다

성인은 소리 인식하는 능력이 아이들보다 약하다. 그래서 외국어를 들을 때 정확한 소리를 인식하는 것부터 해결해야 한다. 그런 단점을 보완하는 방법으로 이어폰이나 헤드폰을 사용하는 것이다.

소리 인식을 제대로 못 한다는 것을 깨닫게 하기 위해 지인들에게 했던 실험이 있다. 면전에서 얘기한다. 그리고 두 번째에는 상대방 귀에 접근해서 얘기한다. 십중팔구 귀에 입을 대고 얘기하면 더 정확하게 소리를 인식한다. 이렇게 소리를 제대로 인식하고 난 다음이 그 소리에 대한 의미를 배우는 것이다. 그다음이 그 소리를 잘 기억할 수 있도록 해야 한다.

어떻게 소리를 잘 기억하게 할 수 있을까?

가. 이해할 수 있는 소리를 들어야 한다

이해가 안 되는 소리는 아무리 들어도 기억해 낼 수 없다. 따라서 적정한 자기 레벨의 음원을 들어야만 한다. 다른 사람이 추천해 주는 오디오는 레벨과 관심사가 다르다. 상대방에게는 좋을 수 있어도 자신에게는 이해할 수 있는 정도가 크게 달라질 수 있다.

혹자는 무조건 많이 듣다 보면 '귀가 뚫린다'라고 조언하지만, 이런 방법은 단계별로 자신의 레벨에 맞는 자료를 들으면서 점진적으로 듣기 이해력을 향상하는 것보다 더 오랜 시간이 걸린다. 듣기 이해력이 향상되는 과정은 이렇다.

첫날 음원을 듣는다. 이때 이해하는 정도가 0이라고 가정해 보자. 두 번째 날 다른 음원을 듣게 되면 그중에서도 이전에 들었던 단어가 겹치는 경우가 생긴다. 세 번째 날에는 겹치는 단어가 더 많아진다. 여러 음원을 들을수록 이런 과정으로 몇몇 문장의 의미가 조금씩 이해 가능해지는 경우가 생긴다. 서로 연결고리를 가지기 때문이다. 그러나 음원 레벨의 차이가 클수록 이렇게 겹치는 단어가 많지 않다. 그래서 이해하는 데 큰 어려움이 생긴다. 상당 부분 다 이해 못 하고 넘어가게 된다. 그래서 듣기 이해력을 향상하는 데 더 긴 시간이 걸리게 된다.

따라서 듣기 이해력을 향상하려면 자신의 레벨과 유사하게 이해할 수 있는 정도가 높은 매체를 많이 듣는 것이 좋다. 이렇게 함으로써 효율적으로 '귀가 뚫렸어요'란 경험을 더 빨리 가질 수 있다. 이 부분은 제7장 수용어휘력에서 다시 다룬다.

나. 자신에게 의미 있는 소리를 들어야 한다

교재 음원에서 '마이크야, 일어나'란 음원의 소리를 들을 때와 실제 생활에서 타인이 자신에게 '00야, 일어나!'란 말을 들을 때 어느 말이 더 와닿을지는 너무나 자명하다. 자신에게 직접적으로 관련 있고 의미 있는 소리를 들을 때 우리는 더 주의를 기울이고 집중할 수 있다. 그래서 직접적인 대화를 통해 배우는 표현들은 더 큰 주의력으로 흡수하고 더 오래 기억할 수 있다. 그러나 주변에 도와줄 사람이 없고 스스로 독학한다면 어떻게 해야 할까?

제2장 감정이 언어 학습에 지배적인 영향을 미친다고 언급했다. 따라서 교재나 다른 매체로 공부할 때 자신의 주의력을 기울일 수 있는 재미있고 흥미로운 매체로 배워야 한다. 재미있는 영화에서 감명 깊은 대사가 단 한 번만으로도 깊숙이 뿌리박히는 경우가 있다. 학습자의 감정을 동요시킬 수 있는 이야기일수록 더욱 좋다.

  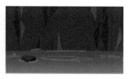

[그림 21] 터미네이터 영화에서 주인공이 I will be back을 말한 후 사라지는 장면

터미네이터의 명대사 'I will be back'은 많은 사람에게 아주 오랫동안 기억이 되었다. 그리고 이 말은 단 한 번의 학습에도 많은 사람이 쉽게 내뱉을 만큼 강한 인풋이 된 사례다.

다. 이미지는 소리 기억을 돕는다

터미네이터 사례처럼 강렬하고 인상적인 이미지나 영상은 소리를 기억하는 데 큰 도움이 된다. 자막은 이미지에 해당하며, 영화 속에는 자막과 영상 두 이미지가 있다고 가정해 보자. 우리가 영화를 이해하려 할 때 두 이미지가 서로 정보처리 우선 대상이 되고자 경합한다. 영상이 이해하기 쉽다면 영상을 택하고 자막이 영상보다 더 이해하기 쉽다면 자막으로 정보를 처리한다. 이 과정은 우리가 인식할 수 없는 찰나에 자동으로 이루어진다. 두뇌는 한꺼번에 두 이미지를 동시에 처리하지 못한다. 이미지를 기억하는 경로는 단 하나이기 때문이다. 따라서 두뇌는 이해하기 쉬운 이미지를 먼저 선택해서 처리한다.

반면에 소리와 이미지는 다른 경로를 사용한다. 터미네이터 영상에서 'I will be back'이란 음성 대사를 자막 없이 이해하는 사람들에게 자막 정보는 거의 무시된다. 영상과 소리가 각각 다른 두 개의 경로를 따라 기억장소로 이동한다. 화면이 극적이고 감동적일수록 이미지는 강하게 기억된다. 아울러 그와 연관된 소리도 더불어 더 잘 기억할 수 있다.

반면에 'I will be back'이란 대사를 듣고 잘 이해하지 못했던 시청자라면 '영상+한글 자막+소리'를 다 처리해야 한다. 따라서 효율적으로 모든 정보를 다 처리하기 어렵다. 영상과 한글 자막이 이미지 기억으로 번갈아 처리해야 함은 물론 소리도 제대로 이해하지 못하니 이 대사가 제대로 기억날 리 없다.

주의할 점은 소리 기억을 저장하는 데 이미지가 도움이 되지만 너무 과하면 역효과가 난다. 일반적으로 영상으로 들어오는 자극이 소리 자극보다 더 강하기 때문이다. 버스나 지하철 안에서 휴대전화 보는 것에 너무 열중해서 안내방송을 인지 못 해 내려야 할 정거장을 지나쳐 버린 경험이 다들 있을 것이다. 휴대전화 영상이나 책을 몰두해서 읽을 때는 처리해야 할 시각 정보가 많다. 연합 피질(Association Cortex)에서 시각 정보와 음향 정보를 처리한다. 일반적으로 연합 피질은 시각 정보에 중점적으로 자원을 할당한다. 시각 정보에 더 많은 자원을 할당하면 청각 피질(Auditory Cortex)에 투영되는 소리 신호의 크기는 크게 낮아진다. 듣고도 우리가 인지 못 하는 이유다.

이런 이유로 화면이 현란하게 바뀌는 액션 영화 영상은 소리 정보를 잘 처리하는 데 도움이 되지 않는다. 정적인 그림 하나로 문장의 뜻 이해를 도와주는 그림책은 소리를 더 잘 기억하는 데 효과가 있다.

라. 진짜를 많이 들어야만 한다

같은 표현이라도 화자가 누구냐에 따라서 어투, 톤이 다르다. 학습자로서 이런 다른 억양의 소리 정보도 전부 저장해 두어야 한다. 교재 속 음원으로만 공부하는 학습자는 같은 표현이라도 원어민 소리를 잘 이해하지 못한다. 엄연히 다른 소리이기 때문이다. 미국 영어를 배워도 영국 영어를 잘 이해 못 하는 이유도 주파수가 다른 소리이기 때문이다.

Languages	125 - 249 HZ	250 - 499 Hz	500 - 999 Hz	1000 - 1499 Hz	1500 - 1999 Hz	2000 - 2999 Hz	3000 - 3999 Hz	4000 - 7999 Hz	8000 - 12000 Hz
UK English									
French									
Chinese									
German									
Spanish									
US English									
Italian									
Russian									
Japanese									
Portuguese									

[그림 22] 각 언어의 주파수대

그래프에서 알 수 있듯이 영국 영어가 미국 영어보다 주파수가 훨씬 높다. 같은 단어라도 주파수가 달라지면 다르게 들린다. 그래서 저주파수대 언어가 모국어인 한국인으로서는 영국 영어가 미국 영어보다 어렵다. 한국어와 일본어는 저주파 대에 속하며 거의 같은 대역이다. 그래서 주파수만 따져도 일본어가 한국인에게 가장 인식하기 쉬운 언어가 된다. 한국어와 유사하게 겹치는 주파수대가 많은 언어가 일본어 다음으로 중국어, 스페인어이다. 이런 점에서 일본어, 중국어, 스페인어 순으로 소리를 더 잘 인식한다. 러시아어와 우크라이나어는 거의 모든 언어의 주파수대를 가지고 있다. 이런 점에서 다른 언어를 배우는 데 다른 국가 사람들에 비해서 유리하다.

필자가 독일인 지인 에밀리(가명)에게 이런 우스개 농담을 한 적 있다. 독일어는 대부분 1,000~3,000Hz대에 걸쳐져 있으며 저주파수대도 조금 가지고 있다.

> "만약에 에밀리가 영국인과 결혼해서 아이를 낳고 세 식구가 일본이나 한국에서 생활한다고 가정해 봐요. 그럼, 에밀리 아기는 독일어, 영어, 일본어나 한국어를 늘 접하는 환경에서 자라게 되죠. 전 세계 모든 언어의 주파수를 섭렵하게 되는 아기를 키우게 되는 거예요. 만약 그 아이가 여러 언어를 배운다면 어떤 다른 아이보다 더 잘 배우게 되는 초 슈퍼 아이가 되는 거죠"

교재 속 음원은 정확한 발음을 배우는 데 참고하고 실전에서는 다양한 원어민 발음을 들어야만 한다. 그럼으로써 수많은 소리의 정보를 함께 축적해야만 한다. 각 언어의 사투리 포함이다. 〈외국어를 과학적으로 배우는 방법〉에서 언급했듯이 표준어만 사용하는 아이들에 비해 사투리를 배웠던 아이들이 기억력, 주의력, 그리고 인지 유연성이 우수했다.

원어민이 일상생활에서 접하는 신문, TV, 영화, 드라마, 노래 등을 전부 'Authentic Materials'라고 한다. 한국어로 말하자면 진본(진품)인 격이다. 어학 교재 속 음원은 외국인 학습자를 위해 별도로 만들어진 것이다. 그래서 교재는 참고로 하되 실제 원어민 자료(Authentic Materials)로 배우는 것이 아주 중요하다.

뇌과학 외국어 학습 혁명

마. 정보처리 속도를 올리는 것이 관건이다

외국어 소리를 듣자마자 전광석화처럼 이해할 수 있는 사람이 원어민이다. 초보에서 원어민으로 가는 모든 과정은 소리를 듣고 이해하는 정보처리 속도를 얼마큼 향상하느냐에 달려 있다. 초보일수록 문장이 생소하고 길면 자신이 처리할 수 있는 정보처리한계를 벗어나서 이해 못 한다. 그러나 훈련으로 인해 숙달할 수 있다. 많이 듣고 연습할수록 자신이 이해하고 표현할 수 있는 소리의 범위는 점점 넓어지게 된다. 이런 과정은 다양한 원어민 자료를 통해서 재학습이 필요하다. 여러 번 반복 학습을 통해 기억이 견고해지는 것을 재강화(Reconsolidation)라고 한다. 재강화가 일어나기 위해서는 기간이 아주 중요하다. 하루 종일 하나의 단어를 계속 외우기를 반복했다고 해서 영원히 기억할 수 있는 것이 아니다. 잘 기억하기 위해서는 휴식과 수면이 필요하다. 첫 학습 시 두뇌의 어딘가에 잊힌 것처럼 얇게 새겨졌다가 소멸하기 전에 다시 반복하여 접하고 상기하기를 거듭할수록 마치 모국어처럼 자리 잡는다. 그래서 이런 과정을 긴 시간 동안 수도 없이 반복해야 한다. 빨리 외운 것은 빨리 사라진다. 한 시간에 100개의 단어, 또는 매일 100개의 단어를 외울 수 있다고 자신하는 사람들이 있다. 그러나 이런 기억은 빨리 소멸하는 경향이 있다. 언어 습득에 관한 메모리 프로세스는 암기 테크닉으로 간단히 해결하지 못한다. 그만큼 단순한 것이 아니다.

바. 주목

터미네이터 명대사를 오랫동안 기억할 수 있는 이유가 바로 집중과 주목(Noticing)이었다. 학습자가 그 정보를 정말 알고 싶어 하고 흥미로워 할 때 귀를 쫑긋 세우게 된다. 때로는 운 좋게 단 한 번에 명대사를 잘 배우고 다른 어떤 표현보다도 더 오래 기억할 수도 있다. 얼마나 효율적인 방법인가. 이처럼 쉬운 방법을 끊임없이 할 수 있다면 외국어를 빨리 배울 수 있다는 것을 의미한다. 이렇게 주의력을 향상할 방법은 두 가지가 있다. '스스로 주목하는 능력을 기르는 것' 그리고 주목하지 않을 수 없는(Compelling) 자료를 스스로 찾아서 배우는 것이다. 주목하지 않을 수 없는 자료는 누군가에게 물어봐서 얻어지는 것이 아니다. 자신의 관심사와 이해하는 레벨에 따라서 달라지기 때문이다.

일반적으로 이 세상에 있는 거의 모든 어학 자료는 두 가지로 나누어진다. 재미가 있다면 어렵고, 이해하기 쉽다면 재미가 없다. 모든 학습자에게 재미도 있고 이해가 쉬운 환상적인 매체는 세상 어디에도 존재하지 않는다. 이런 매체를 개발하는 교육자가 있으면 노벨 교육상 후보에 오를 것이다. 따라서 왜 교재는 이해가 쉽지만, 재미가 없는지 충분히 납득이 갈 것이다. 적절히 타협해서 자신에게 가장 흥미로우면서도 이해하기 쉬운 자료를 스스로 찾아야만 한다. 〈외국어를 과학적으로 배우는 방법〉에서 설명했듯이 난이도와 재미 둘 중에서 군이 고른다면 재미에 더 우선순위를 두어야 한다. 재미가 있다면 조금 더 어렵더라도 재미없는 쉬운 자료보다 더 효율적으로 배울 수 있기 때문이다. 많은 사람이 자신의 레벨보다 훨씬 더 어렵지만 영화를 통해 배우려는 이유가 재미가 우선이기 때문이다.

사. 우리는 듣기를 원하는 것을 더 잘 듣는다

유튜브에서 Awareness Test로 검색하면 여러 인지 테스트 실험 영상을 볼 수 있다. 투명 고릴라 영상에서 많은 사람이 고릴라를 보지 못한다. 농구공에 집중하기에 다른 것을 알아차리지 못하는 것처럼 우리는 보고 싶은 것을 잘 보고 듣고 싶은 것을 더 잘 듣는다. 뇌과학 연구에 따르면 대뇌 피질은 늘 다음에 무슨 일이 일어날지 예상한다. 청각 피질(Auditory Cortex) 역시도 우리가 예상하는 소리를 반영하는 경향이 있다. 아무런 사전정보 없이 무작정 듣는 것보다 들리는 내용이 어떤지 사전에 학습하면 더 잘 들리게 된다. 따라서 듣기 연습을 할 때 내용과 관련된 자료를 사전에 읽어두는 것은 듣기 이해력을 향상하는 데 큰 도움이 된다.

듣기 이해력을 향상하는 데 도움이 되는 7가지를 요약해 보았다. 잘 적용해서 응용한다면 어느 학습자라도 상당 부분 자신의 언어 습득 효율을 크게 향상할 수 있다고 확신한다.

> 음향 기억은 3~4초 정도만 지속된다. 많이 반복해서 들어야만 소리 정보를 축적할 수 있다.

제5장
상황기반한 매체로 배우기

　　일본 도호쿠 대학교에서 31명의 20대 일본인 성인 대상으로 동사, 형용사, 일상적인 인사말 48개의 한국어를 가르치는 실험을 하였다.

[그림 23] (가) 영상 재현, (나) 번역 방법

(가) 단어가 의미하는 바를 영상 속 상황으로 보여주는 방법
(나) 한국어 의미를 일본어 번역으로 알려주는 방법 (L2-L1)

'도와줘'란 한국어 단어를 다음과 같이 가르쳤다. 첫 번째 그룹에는 한 사람이 무거운 가방을 옮길 때 다른 사람에게 '도와줘'란 말을 하며 도움을 요청하는 영상으로 배우게 하였다. 두 번째 그룹에는 '도와줘'의 일본어 의미 데츠닷떼(手伝って) 번역을 알려주는 방법으로 가르쳐주었다(L2-L1).

테스트할 때 두 그룹의 두뇌를 관찰하였더니 아래와 같은 결과가 나타났다.

(가) 단어 의미를 영상속 상황으로 보여주는 방법

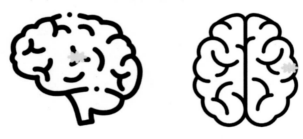

(나) 일본어 번역으로 알려주는 방법 (L2-L1)

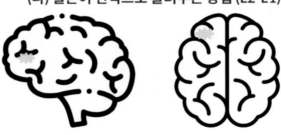

[그림 24] 상황을 통해 배울 때와 번역 방법으로 배울 때 반응하는 두뇌 영역이 다르다

사회적 상호작용(상황기반)으로 배운 단어는 오른쪽 모서리위이 랑에서 반응을 보였다(가). 중요한 점은 모국어를 떠올릴 때도 모서 리위이랑이 활성화된다. 이는 상황기반(Situation-Based)으로 배우 면 미러(Mirror) 뉴런의 활성화와 관련이 있을 것이라고 연구자들 은 간주한다. 미러뉴런이란 거울을 보듯이 다른 사람의 행동을 보 기만 해도 몸짓, 발음, 말투, 표정, 입의 움직임 등을 자신이 움직일 때와 마찬가지로 반응하는 뉴런이다.

[그림 25] 미러뉴런의 역할

　　이 미러뉴런은 다른 사람의 행동을 관찰할 때뿐만 아니라 소설 속 주인공의 활동을 묘사하는 글을 읽을 때도 활성화된다. 이처럼 미러뉴런은 다른 사람의 행동을 관찰하고 모방해서 언어를 배우 는 데 중요한 역할을 한다.

반면에 텍스트 기반으로 배우는 것은 단어를 암기할 때처럼 작업 메모리(Working Memory)를 사용하는 전두엽과 관련이 깊다. 일반적으로 작업 메모리는 용량이 무한정이 아니다. 동시에 많은 정보를 담지 못한다. 여러 단어를 동시에 많이 외우려고 하면 작업 메모리 용량을 초과해 버려서 다 기억하지 못하게 된다.

상황기반으로 배운 것은 자전거 타는 법을 직접 배우는 것과 같다. 반면에 텍스트 기반으로 배우는 것은 모국어 번역 방법으로 배우는 것이다. 무거운 가방을 옮기면서 '도와줘'를 배우면 그 상황에서 어떤 말을 해야 하는지 배우는 것과 같다. 반면에 텍스트 기반으로 배울 때에는 실제 상황과 자신이 배운 표현(L2-L1)이 일치하지 않는 경우가 생긴다. 예를 들어 길을 걷다 넘어진 사람이 '도와줘'를 말할 때 이 '도와줘'의 의미가 텍스트로 배운 의미와 일치하는지 혼동이 생긴다. 그 상황이 자신이 이해하는 개념과 일치하는지 재학습이 필요하다. 그리고 그런 차이를 해소해야만 비로소 학습자가 이 표현의 개념을 충분히 이해할 수 있다.

일반적으로 드라마나 영화처럼 영상을 통해서 배우는 학습자들이 텍스트 형태로만 배우는 학습자들보다 단어의 기능적 의미를 더 잘 이해할 수 있다. 따라서 단순히 외국어가 한국어로 번역된 텍스트 기반보다는 상황에 기반하는 매체를 통해 배우는 학습 방법을 추천한다.

유튜브에서 외국인 학습자 대상으로 제작한 영상은 일반적으로 이해하기 쉽다. 아주 쉬운 인사말부터 더 나아가 기본 대화를 배울 수 있는 영상까지 무궁무진하다. 영화나 드라마가 아직 어려운 중급자(A2~B2)도 유튜브에 있는 10여 분 분량의 유튜브 드라마로 회화를 잘 배울 수 있다. 일반적으로 영화의 대화보다 유튜브 드라마의 대화가 쉽고 간단하다. 필자의 Talkday 1 안드로이드 앱뿐만 아니라 여러 유튜브 관련 프로그램이 많다. 유튜브 영상의 자막을 보고 공부할 수 있고 다운로드, 저장할 수 있어서 효율적이니 추천하는 바이다.

> 상황기반 학습은 모서리위이랑과 미러뉴런으로 인해 더 효율적으로 배울 수 있다.

제6장
인지부하 이해하기

영어 공부를 열심히 하려고 매일 영어 단어 100개를 외우기로 결심한 학생이 있다. 전부 다 외우는 데 2시간이 걸렸다. 이 학습자는 자신이 외운 단어를 얼마나 기억할 수 있을까?

영어 단어 100개를 직접 외우기를 시도해 본 사람이라면 쉽게 이해할 수 있는 부분이다. 기억하는 단어의 수가 적고 기억하는 시간도 그리 길지 않다. 짧은 시간에 많은 단어를 잊게 된다. 제5장에서 작업 메모리를 언급했듯이 동시에 처리할 수 있는 정보의 양을 초과했기 때문이다.

[그림 26] 그만 가져와, 지금 용량 초과했어!

인지부하(Cognitive Load)는 정보를 처리하고 작업을 수행하는 데 필요한 정신적 노력과 자원을 말한다. 아울러 작업 메모리가 동시에 처리할 수 있는 정보의 양을 의미한다. 인지부하의 크고 낮음은 학습자가 언어를 얼마나 효과적으로 배울 수 있는지 큰 영향을 미친다. 외국어 학습이란 문법, 어휘 습득, 발음, 의사소통 능력 등 다양한 인지 과정을 의미한다.

외국어 학습에는 다음과 같은 세 가지 유형의 인지부하가 영향을 미친다.

• 본질적 인지부하: 언어 자체의 난이도와 문법, 문장 구조, 발음 등의 복잡성. 어려운 문법이나 생소한 발음은 본질적 인지부하를 증가하는 요인이다.

- 부차적 인지부하: 비효과적인 교수법, 복잡한 학습 자료로 인한 불필요한 인지부하. 애매한 설명 또는 과도한 정보는 학습자를 압도하고 학습 과정을 방해한다.
- 유익한 인지부하: 시기적절하고 유의미한 내용을 다루면서 기존의 지식과 경험과 연결할 수 있는 학습을 말한다. 유익한 인지부하를 최적화하여 효과적으로 언어를 배울 수 있다.

제3장 정의적 여과도 인지부하와 관련이 있다. 그 외 인지부하가 어떤 경우에 크게 걸리는지 몇 가지 구체적인 예를 들어 보자.

- 하나의 문장 안에 모르는 단어가 많은 경우
- 수업 중에 선생님이 준비한 자료에 문법 설명이 과도하게 있는 경우
- 이해를 도울 수 있는 사진 또는 그림이 없는 난해한 설명

구체적으로 영어 지문을 통해 살펴보자. 위에 설명한 인지부하에 대한 영어표현이다. **잘 이해 안 되는 단어를 임의대로 굵은 글씨로 표시했다.**

Cognitive load refers to the mental effort and **resources** required to process information and **perform** tasks. When it comes to learning a foreign language, **cognitive load** plays a

뇌과학 외국어 학습 혁명

significant role in how effectively and efficiently learners acquire and use the language.

Learning a foreign language involves various **cognitive** processes, including understanding grammar rules, acquiring vocabulary, practicing pronunciation, and developing communication skills. These processes require learners to **allocate** their attention, memory, and **mental resources** to comprehend and produce the language.

There are three types of **cognitive load** that affect language learning

총 90개의 단어가 있고 잘 이해하지 못하는 새로운 단어가 13개이다. 다음 장에 설명할 수용어휘력(Lexical Coverage)과 관련이 있다. 위 문단에서 수용어휘력은 [(90-13)/90] × 100= 85.6%로 학습자에게 난이도가 높아서 어려운 글에 해당한다.

인지부하가 큰 자료를 학습하면 많이 배우게 되는 것이 아니라 우리가 이해하는 정도를 크게 낮춘다. 그래서 깊은 배움이 일어나지 않는다. 언어 습득에 있어서 가장 중요한 첫 번째 전제가 충분한 이해이다. 일반적으로 복잡한 문법과 새로운 어휘가 많으면 그 자료의 의미와 맥락을 이해하는 데 어려움을 겪게 된다.

이해가 잘 안되니 어떤 일이 벌어질까? 정보를 처리하기 위해 일시적으로 작업 기억에 들어간 용량이 처리 허용 능력을 벗어나 버린다. 따라서 학습자가 이 정보를 유지하고 회상하기가 어려워진다. 장기 기억으로 들어갈 단계 이전에 폐기되는 것이다.

이렇게 어려운 내용으로 배우면 학습자는 그 배운 내용을 토대로 의사를 표현하기 어려워진다. 이는 실시간 대화에서 두드러진다. 적절한 단어나 표현을 선택하는 데 어려움을 겪는다. 따라서 대화를 나눌 때도 단답형으로 예, 아니오 식으로 짧게 표현하게 되는 경우가 많다. 인지부하가 과도하면 학습자는 듣기, 독해, 말하기, 작문 모든 분야에서 전반적으로 성과가 저하된다.

따라서 학습자에게 자신의 레벨과 유사한 자료로 인지부하를 최대한 낮추어 배우게 하는 것이 가장 효과적이다. 학교나 학원에서는 개개인의 성향과 레벨이 고려되지 않는 단체 수업으로 진행된다. 따라서 일부 학습자를 제외하고 상당수가 효과적인 수업을 받지 못하게 되는 원인이 된다. 이런 면에서 외국어는 학습자가 독립적으로 학습할 때 더 많은 양을 배우게 되는 경향이 더 크다. 16년 이상 영어를 배웠지만 제대로 된 한마디 못 하다가 성인이 되어 스스로 쉐도잉 등 연습을 열심히 하여 비로소 영어가 더 유창해졌다는 사람들의 경험이 이를 반증한다.

그럼 이제부터 인지부하를 낮추는 방법에 대해서 알아보자.
인지부하를 낮추는 방법은 이해를 돕기 쉽게 단순화하는 것과 같다.

- 텍스트와 함께 이해할 수 있는 그림이나 시각 자료가 함께 제공되는 경우
- 텍스트만 있는 자료에서 내레이션을 포함할 경우
- 파워포인트 자료에서 한눈에 쉽게 이해할 수 있도록 핵심 정보만 제공되는 경우
- 기존 지식과 경험에 연결될 수 있는 자료로 배우는 경우
- 단체가 아닌 개인 맞춤형 학습(Personalized Learning)
- 학습 전 예습

언어 학습자와 교육자는 인지부하에 대해 인식하고, 인지부하를 최소화하는 것이 중요하다. 일반적으로 학원에서 어려운 교육자료를 활용하는 경우가 많다. 효과적인 언어 습득을 위해서는 모르는 것이 적을수록 좋다. 그러나 학원에서는 선행학습을 위해 학생이 모르는 단어가 잔뜩 있는 자료를 활용하는 경우가 많다. 이는 학생이 영어를 제대로 습득하지 못하게 하는 악순환을 가져온다. 배워도 배워도 영어가 어렵다고 하소연하는 학생이 많은 이유다. 다음 장에 설명할 수용어휘력과 관련이 있다.

쉽고 재미있을수록 인지부하가 낮다

제7장

수용어휘력(Lexical Coverage) 이해하기

구어체 그리고 문어체는 상당 부분 가장 빈번히 사용하는 3,000 개 이내의 단어로 이루어져 있다. 단어 수에 따라 원어민이 일상적으로 사용하는 구어체, 문어체를 이해할 수 있는 범위는 아래와 같다. 여러 연구에 따라 2~3% 오차가 있다.

단어 수	이해할 수 있는 범위
1,000	72~80%
2,000	80~87%
3,000	84~90%
5,000	90~93%

읽기 자료에서 전체 단어 대비 알고 있는 단어를 백분율로 나타낸 것을 수용어휘력(Lexical Coverage)이라 한다. 이 수용어휘력은 변하지 않는 절댓값이 아니라 학습자 레벨과 자료에 따라 상대적

뇌과학 외국어 학습 혁명

으로 계산한다. 외국인 학습자를 대상으로 쉽고 재미있게 쓰인 리더스 시리즈 이야기책은 빈번히 사용하는 단어로 이루어져 있다. 이렇게 수용어휘력은 학습자가 접하는 자료에 따라서 달라진다. 계산하는 방법은 다음과 같다.

책의 한 페이지에 250단어가 있다. 학습자가 모르는 단어가 10개라면 수용어휘력은 아래와 같다.

- (전체 단어 수 - 모르는 단어 수) / 전체 단어 수 × 100%
- (250-10)/250 × 100= 96%

96% 어휘수용력이라면 책의 내용을 대부분 이해할 수 있는 범위에 속한다. 반면에 20개를 모른다면 어떻게 될까?

- (250-20)/250 × 100= 92%

평균적으로 하나의 문장이 10개의 단어로 이루어져 있다고 가정하면 하나의 문장당 모르는 단어가 하나씩 있다는 것을 의미한다. 따라서 이 지문은 학습자에게 어려운 레벨에 속한다. 이런 경우 학습자의 레벨이 낮은 초보자라면 사전을 이용해도 쉽게 이해하지 못한다. 반면에 레벨이 높은 학습자라면 사전에서 단어 의미를 찾아봄으로써 수용어휘력을 올리고 더불어 이해하는 정도를 향상할 수 있다.

왜 학습자 레벨에 따라서 사전의 효용도가 달라지는 것일까?

자료가 어려우면 어려울수록 사전을 활용해도 기본 수용어휘력이 받쳐주지 않아서 이해하는 정도가 크게 올라가지 않는다. 어학 수업에서 어려운 자료로 수업할 때 모르는 단어 의미가 교재 아래에 다 적혀져 있어도 모든 학생의 이해도는 똑같이 상승하지 않는다는 것을 의미한다. 수용어휘력이 높은 학생, 즉 레벨이 높은 학생만 교재 아래 새로운 어휘 의미를 참고함으로써 더 깊게 이해할 수 있다. 따라서 레벨이 높은 학생만 그 혜택을 받는다. 수용어휘력이 낮은 학생들은 이해도가 낮아진 그 상태 그대로 수업을 받을 뿐이다. 이 수용어휘력을 이해하는 것이 교육자로서 매우 중요한데도 여러 곳에서 잘 이해하지 못한다. 따라서 비효율적인 어학 수업이 이루어지는 경우가 국내에 만연해 있다고 해도 과언이 아니다.

여러 연구에 따르면 수용어휘력이 92~93% 정도가 최저 한계선이다. 이 이하에서는 사전을 사용해도 이해하는 정도가 큰 변화가 없다. 97% 이상이면 사전을 사용함으로써 이해하는 데 큰 도움을 받을 수 있다.

일반적으로는 사전을 사용하지 않고 술술 읽어나갈 수 있는 자료로 읽는 것이 여러모로 좋다. 영어를 잘 배웠던 사람들이 '사전을 사용하지 않고 문맥에서 유추할 수 있었어요'를 말하는 이유가 수용어휘력이 높은 책을 읽어왔다는 것을 의미한다.

역설적으로 배워야 할 새로운 단어가 적을수록 학습자가 더 깊게 배우는 단어의 양은 더 많아진다. 일반상식과 달리 모르는 단어가 많은 지문일수록 공부할 거리가 많아서 좋은 자료로 여겨질 수 있지만 실은 정반대다. 학교나 학원에서 학생들에게 영어 지문을 일부러 어렵게 내는 경우가 많다. 수용어휘력에 대한 이해가 결여되어서 그렇다.

수용어휘력이 높은 매체로 학습하면 이해하는 정도가 높다. 내용을 거의 다 이해하는 상태에서 다시 접하는 여러 단어는 재강화(Reconsolidation)가 이루어진다. 그리고 문맥 의미를 통해서 새로운 단어 의미를 유추하는 것이 가능해진다.

따라서 수용어휘력에 대한 개념을 이해하는 것은 선생님은 물론 학습자 모두에게 매우 중요하다.

가장 효율적으로 외국어를 배울 수 있는 읽기와 듣기의 적정 수용어휘력 범위는 아래와 같다.

구분	적정 수용어휘력	관련 연구
읽기	95~98%	Laufer & Ravenhorst-Kalovski, 2010
듣기	98%	Van Zeeland & Schmitt, 2013

만약 이 범위 아래면 이해하는 정도가 감소하고 배우는 효율도 크게 낮아지게 된다. 특히 80% 이하로 떨어지면 적정한 이해력을 달성할 수 없다. 지문의 60%를 제대로 이해하려면 어휘수용력 98%가 필요하다는 또 다른 연구 결과도 있다. 98%의 수용어휘력이 지문의 98%를 이해한다는 것을 의미함이 아님을 주의하자.

Pulido(2003)는 영어를 배우는 44명의 중국인 대학생에게 익숙한 주제와 잘 모르는 주제를 읽게 한 후 테스트를 해 보았다. 주제의 난이도와 관계없이 레벨이 높은 피실험자들이 레벨이 낮은 참가자들보다 더 많은 단어를 배웠고 더 오래 기억했다. 이는 Tekmen and Daloglu(2006), Ma et al(2015) 연구에서도 같은 결과를 보였다. 배우고자 하는 매체의 레벨이 학습자와 근사하게 유사할수록 더 잘 배운다는 사실이다.

수용어휘력의 단 1% 차이라도 학습자의 이해력은 크게 달라진다. 원서의 경우 하나의 문장에 단어가 20개 이상인 경우가 많다. 100개의 문장이 전부 20개의 단어로 이루어진 페이지가 있다고 가정하면 총 단어는 2,000개가 된다. 97% 수용어휘력은 모르는 단

뇌과학 외국어 학습 혁명

어가 60개이며 98%는 40개 단어이다. 98% 수용어휘력을 가진 학습자는 세 문장에서 모르는 단어가 하나 있는 정도이지만, 97% 수용어휘력 학습자는 세 문장마다 모르는 단어가 두 개씩 있다는 것을 의미한다. 95%가 되면 모든 문장에 모르는 단어가 하나씩 있는 셈이다.

이처럼 1% 수용어휘력 차이가 실로 크다는 것을 인식하는 것이 좋다.

98% 룰

수용어휘력에 대한 여러 연구 결과에서 98%가 가장 효율적으로 알려져 있다. 한 페이지에 100개의 단어가 있다면 단어 2개를 모르는 수준이다. 듣기와 읽기에서 98%의 난이도로 학습하게 되면 듣기, 회화, 읽기, 쓰기를 더 크게 향상할 수 있다.

> 배워야 할 단어가 적을수록 배우는 단어의 양은 더 많아진다.

제8장
단어를 잘 외우는 방법

여러분이 오늘 새로운 표현이나 단어를 배웠다고 가정해 보자. 그리고 얼마나 오랫동안 기억할 수 있을까 생각해 본 적 있는가? 많은 학습자가 관심을 가질 질문일 것 같다. 우리가 배운 것은 몇 분에서 몇 시간 이내면 잊게 된다. 상당 부분 하루를 넘기지 못한다. 왜 그럴까? 여럿 고려해야 할 사항들이 있다.

가. 용량의 문제

10개의 단어를 10분 만에 외우는 경우를 상상해 보자. 1분당 1개의 단어를 배우는 격이다. 60분간 60개가 된다. 10분당 10개의 단어를 배운 효율과 60분당 60개의 단어를 배운 효율은 같을까?

제6장에서 다룬 인지부하에 대해서 충분한 이해를 했다면 같지 않다는 것을 이해할 수 있다.

10분당 10개의 단어를 배운 효율이 60개의 경우보다 훨씬 높다.
작업기억 용량의 한계가 있기 때문이다. 용량을 초과한 부분은 걸러지게 된다. 따라서 용량의 한계를 초과하는 선에서는 쉬는 것이 좋다. 쉬었다가 다시 배우는 것이다.

100m 전력 질주를 하는 속도로 1km를 달리지 못한다. 반면에 100m 달리고 좀 쉬었다가 다시 100m를 더 달릴 수 있다. 마찬가지로 기억을 많이 하기 위해서는 배우는 시간과 휴식을 적절히 조절하는 것이 좋다. 단어 공부할 때는 기억해야 할 것이 적을수록 더 많이 기억할 수 있다.

나. 반복할수록 기억의 재현을 약화

하나의 단어를 같은 복습 방법으로 매일 외운다고 가정해 보자. 다시 복습할 때마다 그 단어를 매일 기억할 수 있다. 매일 기억하게 되니 효과적으로 공부하는 것처럼 여겨질 수도 있다. 그러나 반복을 거듭할수록 배움의 깊이는 계속 줄어들게 된다.

영화를 한 번 볼 때 가장 흥미롭고 재미가 있다. 시청자는 영화의 정보를 최대한 집중해서 받아들인다. 영화가 아주 흥미 있었다면 두 번째 볼 때도 재미있게 볼 수 있을 것이다. 그러나 세 번째, 네 번째가 될수록 영화를 시청하는 집중도가 떨어진다. 영화의 내용을 이미 상당히 기억하고 있기에 건성건성 보는 경우도 생긴다. 하나의 단어를 계속 같은 방법으로 반복하는 효과가 이와 같다. 재복습을 하기에 그 단어를 잘 기억하고 있다고 생각하지만, 해당 단어를 보았을 때 친숙도가 올라간 것일 뿐이다. 그래서 흘겨보는 경우가 생긴다. 그래서 단어를 암기로 배운 학습자들은 회화 속에서 배운 단어를 실제로 사용할 수 있는 능력을 갖추기 어렵다. 왜 알고 있는 단어인데도 불구하고 회화로는 이어지지 않는 걸까? 아 이러니한 건 외운 그 방법대로 기억을 강화하거나, 때로는 오히려 약화하기 때문이다. 그래서 첫 문자 하나만 보고서도 바로 외운 것을 말할 수 있을 만큼 암기했더라도 현실 상황에서는 외운 방법대로 상황이 진행되지 않기에 그 단어를 쉽게 떠올리지 못한다. 이와 관련하여 상황의존기억(Context-dependent Memory)에 대해 구체적으로 알아보자.

[그림 27] 바닷속에서 외웠다면 바닷속으로 들어가야 더 잘 기억해

　1975년 Godden과 Baddeley는 18명의 다이버에게 2~3음절을 가진 36개의 단어 모음을 외우게 하였다. 한 그룹은 해변에서, 또 다른 그룹은 물속에 들어가서 단어를 외웠다. 두 그룹을 다시 두 그룹, 총 네 그룹으로 나누어 해변과 바닷속에서 얼마나 많은 단어를 기억하는지 테스트했다. 결과적으로 다이버들은 자신이 그 단어를 외웠던 같은 환경에서 테스트할 때 더 많은 단어를 기억할 수 있었다.

　이 연구에서 알 수 있듯이 학습자는 자신이 배운 그 상황에서 쉽게 기억을 재현한다. 길을 걷다 외국인이 길을 물을 때 학교에서 배웠던 표현이 잘 기억나지 않는 사례가 발생하는 것은 상황의존

기억과 관련이 있다. 하물며 해외에서는 어떨까? 실제 생활하면서 배운 외국어는 그 상황을 수도 없이 여러 번 반복하게 된다. 국내에서 실제 상황을 체험하지 않고 책으로만 배우는 학습자보다 더 잘 배우게 되는 것은 두말할 나위도 없다.

[그림 28] 뭐였더라… (분명히 잘 외웠는데…)

다. 단어를 잘 배우는 방법

앞서 설명한 문제를 동시에 해결하는 방법이 있다. 여러 다양한 문맥에서 동일한 단어를 많이 접하는 학습 방법을 취하는 것이다. 교재 속 새로운 단어를 외우기 위해 계속 같은 교재를 외우려 애쓰는 것은 효과가 매우 낮다. 같은 방법으로 반복할수록 정보의 참신함이 낮아진다. 단어를 가장 잘 배우는 방법은 그 단어가 새롭고, 재미있고, 충격적이거나 나와 감정적으로 밀접하게 관련이 있어야 한다. 아울러 수용어휘력이 98%인 자료를 통해 이미 많이 이해하고 있는 상태에서 문맥과 함께 새로운 단어를 흥미롭게 처음 접할 때 배우는 정도가 가장 높다. 그렇지만 이 역시도 한 번의 노출로는 결국 잊게 된다. 따라서 동일한 단어를 다른 문장에서 여러 번 다시 접해야 한다. 이것이 의미 있는 반복 학습에 해당한다. 이런 방법으로 접한 단어들은 결국 학습자가 구사할 수 있을 정도로 깊게 배울 수 있다.

예) wake up 동사구를 다섯 개의 다른 이야기에서 접하는 경우

The Sleepy Sun:

Once upon a time, there was a little sun named Sunny. Every morning, it was his job to (가) **wake up** and light up the sky. But one day, Sunny overslept! The world remained dark, and everyone was sad. The birds chirped and the flowers whispered, trying to (나) **wake** him **up**. Finally, with their gentle nudges, Sunny (다) **woke up** and spread his warm rays, bringing joy and light to the world once again.

The Dreamy Dolphin:

Daisy the Dolphin loved to explore the ocean and play with her friends. But one morning, Daisy found herself in a deep sleep. The other dolphins tried to (라) **wake** her **up**, but nothing worked. Worried, they gathered their seashell collection and created a beautiful melody. The magical music filled the water, and Daisy (다) **woke up**, diving and leaping with delight, ready to join her friends once more.

The Curious Caterpillar:

Carter the Caterpillar lived in a cozy garden, surrounded by flowers and buzzing bees. One day, he felt a gentle tap on his shoulder. It was a wise old butterfly, encouraging him to (가) **wake up** from his slumber and discover the amazing world beyond his leafy home. Carter emerged from his cocoon, spread his delicate wings, and joined the butterfly in a waltz, ready to explore the wonders of the sky.

뇌과학 외국어 학습 혁명

The Magic Alarm Clock:

In a land filled with talking animals, there was a magical alarm clock named Tick-Tock. Each morning, Tick-Tock would (가) **wake up** all the animals with a cheerful melody. But one day, the clock stopped working! The animals gathered around and used their unique talents to (라) **wake** it **up**. The lion roared, the birds sang, and the bunny hopped, until finally, the clock (다) **woke up** and resumed its duty, ensuring that everyone in the land (다) **woke up** on time.

The Brave Teddy Bear:

Teddy the Teddy Bear was best friends with a little girl named Lily. One night, Lily had a scary nightmare and couldn't (가) **wake up**. Teddy knew he had to help her. With all his courage, he jumped off the shelf and tickled Lily's nose. She giggled, her eyes opened wide, and the nightmare vanished. Teddy's bravery and love brought her back from the dream world, and they shared a warm and comforting hug.

위 사례에서 여러 이야기에서 wake up이란 단어를 다른 문맥에서 계속 접하게 된다. 결국 동사구는 깊게 각인이 된다. 언어 습득이 이루어지는 것이다. 그리고 wake up 사이에 (나) him과 (라) it 이 있는 문장도 배우게 된다. 여러 유형을 통해 목적격 대명사는 wake와 up 사이에 들어간다는 것도 많이 접함으로써 자연스럽게 익히게 된다. 왜 많이 읽을수록 문법을 자연스럽게 배우는지 이해 가 될 것이다.

라. 깊이 있게 단어를 이해하게 된다는 것은 어떤 의미일까?

　단어를 사전적 의미로 공부하는 것은 피상적으로 한번 이해하는 것에 그친다. 외국인이 한국어 '오빠'를 배울 때를 상상해 보자. 첫 번째, 글 속에서 사전적 의미의 오빠를 먼저 배운다. 두 번째, 한국 드라마에서 여자친구가 남자친구에게 애인의 의미로 '오빠~'를 말할 때 사전적 의미와 다른 것을 새롭게 배우게 된다. 세 번째, 커플이 싸울 때 '오빠!' 하면서 큰 소리로 말하는 것을 들을 때 여자의 기분이 어떠한지 느끼게 된다. 네 번째, 결혼한 여자가 친정에 남편과 함께 갔다. 친정에 여자의 친오빠도 같이 있는 상황에서 '오빠'를 부른다. 그러자 남편과 여자의 오빠가 동시에 여자를 쳐다본다. 이때 외국인 학습자에게 또 흥미로운 상황이 된다. 이처럼 단어를 여러 상황에서 접하면 외국인은 '오빠'란 단어를 더 깊이 이해하고 배우게 된다. 그리고 이렇게 배운 학습자는 자신도 '오빠'란 말을 할 수 있게 된다. 우리가 단어를 진정으로 잘 배우려면 이렇게 다양하게 접해야 한다. 단어장으로만 단어를 암기하는 학습 방법이 비효율적인 이유다.

마. 어떻게 적용할 수 있을까?

빠른 방법은 같은 분야를 다루는 것이다. 그럼 여러 문장에서 반복되는 단어를 계속 접하게 된다. 이런 단어들은 별도로 공부하지 않아도 표현할 수 있을 때까지 깊게 배울 가능성이 커진다. 한국 드라마를 즐겨보는 외국인들은 비록 한국어를 공부하지 않았더라도 '오빠'란 단어를 저절로 배우게 되는 것과 같다. 그만큼 한국 여자들은 '오빠'를 말을 무척 많이 사용하기 때문이다. 따라서 자신이 좋아하는 분야의 매체를 계속 접하면 그 분야에서 다루는 단어는 학습자는 큰 노력을 들이지 않고도 깊게 배울 수 있다.

크라센 박사의 말을 인용해 보자.

"Rolls and Rogers 연구에 따르면, 여러분이 공상과학소설을 통해 일년 정도 백만 단어를 즐겁게 읽으면 과학을 이해하는 데 필요한 거의 모든 단어를 이해하게 된다.

일반적으로 영어 소설책 한 권당 7~12만 단어이다. 백만 단어라는 것은 소설 8~12권에 해당한다. 짧은 이야기라면 30~50권이 넘을 수도 있다.

국내 외국어 교육 일반 상식은 좁은 분야를 깊게 다루기보다는

뇌과학 외국어 학습 혁명

다양한 분야에서 여러 표현과 단어를 배우는 것을 선호한다. 그래서 다른 과목처럼 '진도를 나간다'는 표현을 즐겨 쓴다. 대다수 학생은 하루에 한 시간도 채 외국어에 노출이 되지 않고 사용하지 않는다. 일 년이면 주말을 제외하고 매일 배워도 240시간에 불과하다. 이런 짧은 시간에 다양한 분야를 접하게 되면 새로운 단어를 다른 문맥에서 여러 번 접할 기회가 없다. 따라서 두세 번 배우는 것에 그치고 만다. 결국 배워도 단기 기억에 잠시 머물렀다가 폐기 처분된다. 외국어 배움의 효율이 극히 낮다.

우리가 외국어를 유창하게 표현할 수 있게 된다는 것은 그만큼 그 표현을 수도 없이 많이 접했음을 의미한다. 그렇지 않고서는 발화가 되지 않는다. 가장 빈번히 사용하는 2~3,000개 단어를 원어민처럼 자유자재로 표현할 수 있는 능력을 갖추는 것이 수능 1만 단어를 암기하는 것보다 더 중요한 이유다.

바. 그림책 보기

상황에 기반해서 배우는 언어 학습은 그림책 또는 만화책과 관련이 깊다. 우리는 말과 글자보다 이미지를 6만 배 더 빨리 정보처리하고 오래 기억할 수 있다. 이것을 그림 우월성 효과(Picture Superiority Effect)라고 한다. 인스타, 페이스북, 틱톡, 유튜브, 광고 등 이미지가 미치는 효과가 얼마나 강력한지 두말할 필요가 없을 것이다.

외국어 학습할 때 문장을 잘 묘사하는 이미지가 있을수록 더 쉽게 이해하고 더 오래 기억할 수 있다. 따라서 레벨이 낮은 학습자는 쉬운 그림책을 보는 것이 좋다. 그림책을 고를 때는 아래 사항을 참고하길 바란다.

[그림 29] 그림이 문장을 잘 묘사하고 번역이 있는 그림책

뇌과학 외국어 학습 혁명

a. 그림이 있는 원서일수록 외국어를 배우는 데 효과적이다.

b. 그림과 문맥이 관련성이 높고 구체적일수록 더 효과적이다.

c. 한글 번역이 함께 있으면 사전을 찾아보지 않고도 이해하는 데 도움이 된다.

d. 번역은 한글 문장 속의 단어와 비교하여 이해할 수 있는 직역 형태가 좋다.

레벨이 높은 학습자에게는 만화책도 훌륭한 학습자료가 된다. Roozafzai(2012)는 피실험자들을 두 그룹으로 나누고 A그룹에는 그림책, B그룹에는 만화책으로 20번 수업을 하였다. 테스트 결과, 만화책으로 수업한 그룹이 그림책으로 수업한 그룹보다 더 높은 점수를 보였다. 일본어 만화(망가)로 일본어를 배웠다고 하는 경험담이 많은 이유다.

사. 문장이 간결하고 명확하게 적힌 자료 활용하기

새로운 단어를 배울 때 '예쁜'이란 단어보다 눈으로 직접 볼 수 있는 '꽃'이란 구체적인 단어를 더 잘 기억할 수 있다. 문장이 구체적으로 서술되어 있을수록 학습자는 그 문맥 속에 있는 단어를 더 잘 배운다. 학습자가 의식하든 못하든 간에 추상적인 단어가 많은 팝송 가사보다 육하원칙에 근거하여 짧은 문장으로 구체적으로 서술한 이야기를 통해서 더 많은 단어를 잘 배울 수 있다. 따라서 구체적으로 묘사된 문장을 많이 접할수록 배우는 효과가 커진다.

(1) Once upon a time, in a small town, lived a curious girl named Lily. (2) She had a big imagination and loved exploring the nearby forest. (3) One sunny day, while walking through the trees, she found a mysterious key.

위 이야기에서 추상적인 단어가 적어서 좀 더 이해하기 쉬운 표현은 (3)에 해당한다. 일반적으로 학습자는 추상적인 표현보다 동작을 설명하는 문장을 더 잘 이해한다. 그래서 리더스 시리즈 이야기들은 구체적이고 서술적인 문장으로 이루어져 있어 이해하기 쉽다. 그래서 필자는 항상 리더스 시리즈를 많이 읽기를 추천한다.

> 여러 다양한 문맥에서 동일한 단어를 많이 접하면 단어를 잘 배울 수 있다.

뇌과학 외국어 학습 혁명

제9장
Use it or lose it

외국어를 배울 때 사용하지 않고 늘 공부만 하였을 때 정말 잘 배우고 있는지 생각해 본 적 있을 것이다. 내가 알고 있는 것은 무엇인지, 모르는 것은 무엇인지를 아는 힘이 메타인지(Meta Cognition)이다. 메타인지 능력이 뛰어난 사람들은 일반 학습뿐만 아니라 외국어를 더 효율적으로 잘 배운다. 언어 습득에 있어서 메타인지를 향상하는 방법은 간단하다. 원어민과 대화하거나 작문 연습을 하는 것이다.

초등학교에서 배우는 영어 단어는 약 800개이다. 아주 기초적인 800개 단어로도 많은 표현을 해낼 수 있다. 중학생이라면 이 기본 어휘 800개를 사용해서 대화를 할 수 있거나 작문을 할 수 있는지 스스로 확인해 보는 것이 메타인지이다.

아래 문장은 전부 초등학생 기본 어휘로 표현할 수 있다. 제대로 말할 수 있는지 영어로 말하는 것을 녹음해 보자. 그리고 자신이 말한 것을 영작해 보자. 이것이 바로 언어 학습에 있어서 메타인지 능력을 향상하는 방법이다.

질문

- 저는 피자 먹는 것을 좋아해요.
- 그녀는 매일 아침에 달려요.
- 그 책은 테이블 위에 있어요.
- 우리는 해변에 갔어요.
- 그는 기타를 연주해요.
- 그 고양이가 잠을 자고 있어요.
- 저는 빨간색 자전거를 가지고 있어요.
- 그 꽃들이 아름다워요.
- 소금 좀 건네주시겠어요?
- 아기가 울고 있어요.

위에 제시한 초등학교 단어로 이루어진 문장을 듣기와 읽기는 가능하지만 말하기와 쓰기가 안 되는 대학 졸업자들이 아주 많다. 이는 언어를 직접 사용해 보지 않았기 때문이다. 만약에 이 기본 어휘 800개를 충분히 이해하지 못 하거나, 말하지 못 하거나, 적지를 못 하고 중학교 과정을 배우기 시작하면 덧셈을 배운 후에 바로 2차 방정식을 배우는 것과 같다. 지식을 쌓는다는 의미는 이전 지식과 경험에 새로운 정보를 연결하는 것이다. 늘 새로운 것을 배우

　　　　　　　　　　　　　뇌과학 외국어 학습 혁명

고 진도를 나가야 했던 탓에 자신이 저 말들을 정말 할 수 있는지 없는지 인지하지 못하고 10년 세월을 그대로 보내버린 사람들이 아주 많을 것이다.

정답

- I love to eat pizza.
- She runs every morning.
- The book is on the table.
- We went to the beach.
- He plays guitar.
- The cat's sleeping.
- I have a red bicycle.
- The flowers are beautiful.
- Can you pass me the salt, please?
- The baby's crying.

위 문장을 비록 정확하게 표현했더라도 생각하면서 아주 느리게 더듬더듬 말했다면 그 표현은 나중에 또 잊게 될 확률이 높다. 읽기와 말하기 속도는 정확성은 물론 생각할 겨를 없이 즉각 나오는 신속성도 중요하다. 우리가 한국어를 말할 때 생각하지 않고도 즉각 표현할 수 있듯이 영어의 기본 표현도 그렇게 말할 수 있어야 그 다음 단어가 하나 더 추가되는 새로운 표현도 더 잘 배울 수 있다.

이 발화 능력이 얼마나 중요한지 자세히 살펴보자.

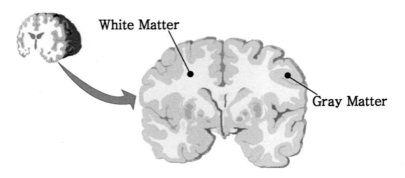

[그림 30] 외국어를 배울수록 회백질은 커진다

위 그림에서 회색 부분이 회백질(Gray Matter)이다. 외국어를 배우고 사용하면 할수록 이 회백질 부피가 커진다. 외국어뿐만 아니라 모든 학습활동이 이 회백질과 관련이 있다. 중도에 배움을 멈추면 이 회백질의 크기는 이전 상태로 서서히 돌아간다. 어떤 활동이든 연습을 게을리하면 실력이 줄어드는 것이다.

뇌과학 외국어 학습 혁명

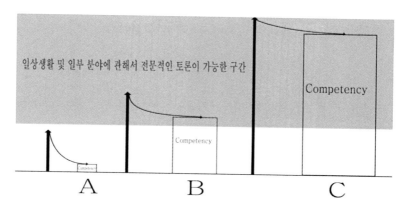

일상생활 및 일부 분야에 관해서 전문적인 토론이 가능한 구간

Competency

Competency

Competency

A   B   C

[그림 31] 외국어 배움을 멈추면 외국어 레벨에 따라 잃는 속도와 정도가 달라진다

외국어 학습에 있어서 사용을 멈추면 레벨에 따라 변화하는 정도가 다르다. 레벨이 낮은 초보(A)일수록 초기 상태로 돌아가는 속도가 빠르다. 유럽공통참조기준 B2 이상의 레벨이라면 이전으로 돌아가는 속도가 느리고 상당 부분 보유할 수 있다. 왜 이렇게 되는 것일까?

감각 기관에서 받아들인 정보는 뇌로 전달되고, 뇌에서 판단하여 명령을 내린다. 학습할 때 정보의 교환이 이루어진다. 모든 과정은 뉴런이라는 신경세포를 통해 일어난다. 두뇌는 수십억의 뉴런으로 이루어져 있다. 뉴런의 말단은 가지가 나누어지고 그 끝은 주머니 모양으로 부풀어져 있다. 이 부분에서 신경전달물질이 오가는 뉴런 사이의 틈이 시냅스이다.

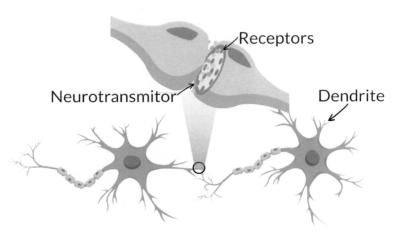

[그림 32] 외국어 배움은 뉴런과 뉴런의 연결고리를 형성한다

뉴런은 시냅스를 통해 서로 정보를 송수신한다. 하나의 뉴런이 수천 개의 다른 뉴런과 연결할 수 있다. 그리고 이 시냅스 연결은 시간 흐름에 따라서 변화한다. 이것을 시냅스 가소성(Synaptic Plasticity)이라고 한다. 시냅스 가소성이 바로 학습과 기억의 토대가 된다.

[그림 33] 학습에 따라 뉴런이 서로 연결되는 모습

새로운 학습을 하거나 기존에 배웠던 것을 강화할 때는 시냅스 연결이 활발하게 일어난다. A 뉴런의 시냅스로부터 받은 자극으로 B 뉴런의 시냅스가 반응한다.

[그림 34] 배움은 시냅스 연결을 도모하고 중단하면 시냅스 연결이 끊어진다

복습하거나 자주 접하고 연습하는 언어는 시냅스 연결을 강화한다. 이런 패턴을 자주 반복하면 하나의 뉴런이 점화할 때 관련된 다른 뉴런들도 동시에 점화한다. 더 많은 뉴런이 함께 점화함에

따라 수상돌기(Dendrite)는 연결된 모든 뉴런을 자극에 더 예민하게 만든다. 이것을 장기 강화 작용(Long-term Potentiation, LTP)이라고 한다. 이것이 바로 장기 기억 형성(Memory Formation)이다. 형성된 장기 기억으로 인해 필요할 때 쉽게 그 정보를 사용할 수 있다.

만약에 특정 정보가 필요 없거나, 학습 중단, 사용하지 않아서 시냅스 간 신경전달물질이 더 이상 오가지 않는다면 그와 관련된 시냅스 연결은 천천히 약화하고 결국 사라지게 된다. 두 번째 뉴런 B가 더 이상 자극받지 않는다면 대기상태로 몇 시간 또는 며칠을 지내다가 이 시냅스 연결은 쇠퇴한다. 기억하지 못하게 되는 것이다.

반면에 시냅스 연결이 끊어지기 전에 재학습하거나 노출, 사용하면 그와 연결된 모든 시냅스가 다시 점화하고 심지어 증가할 수도 있다. 이 과정을 그림으로 표시하면 아래와 같다.

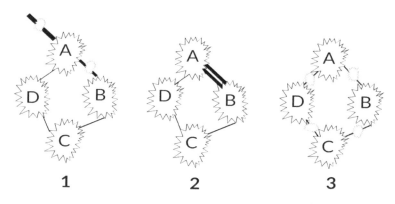

[그림 35] 연결된 뉴런은 함께 점화된다

뉴런 A가 자극을 받고 이 자극이 뉴런 B를 점화한다. 뉴런 A가 점화함으로써, B와 연결을 재형성한다. 그리고 A와 B의 점화는 다시 주변의 뉴런을 점화시킨다. 이런 패턴이 자주 반복되면 A~D의 뉴런은 하나의 네트워크가 된다. 그리고 이후에는 하나만 점화되어도 모든 뉴런이 함께 점화된다. 곧 이것이 기억을 형성하는 과정이다.

외국어를 배우는 데 있어서 늘 노출되고 사용하는 몰입(Immersion) 환경에서 외국어를 배우는 것이 가장 효율적인 이유가 여기에 있다. 아울러 외국어를 중도에 포기하면 이런 뉴런의 연결고리가 약해지면서 사라진다. 약한 연결은 더 쉽고 빨리 사라진다. 레벨이 낮을 때 포기하면 금방 초기 상태로 쉽게 돌아가는 이유다.

특히 뉴런의 연결고리는 학습자가 직접 사용할수록 강해진다. 언어를 직접 사용함으로써 배우지 않고 문법 설명 및 단어 암기로 배우면 그 연결고리가 약하다. 배우는 외국어를 하루라도 사용하지 않는다면 퇴보하기 마련이다. 단 10분이라도 좋으니 배우는 언어를 매일 듣고, 읽고, 사용하는 것은 아주 중요하다.

모든 과학적 연구에서 말해주듯이 우리가 직접 그 언어를 사용하면서 배우는 것은 아주 중요하다.

> Use it, or lose it
> 사용하라, 그렇지 않으면 곧 사라질 것이다.

뇌과학 외국어 학습 혁명

제10장
I teach you 방법

파인먼 효과는 〈외국어를 과학적으로 배우는 방법〉에 소개된 바 있다. 이 파인먼 효과와 여러 연구 결과를 토대로 창안한 I teach you 방법을 소개하고자 한다. I teach you 방법은 영어 뜻 그대로 타인을 가르치는 방법이다. 반에서 수학을 가장 잘하는 학생은 자주 친구들에게 수학 문제를 이해시켜 달라는 부탁을 받는다. 이해가 잘 안되는 문제를 설명할 때 잘 배우게 되는 사람은 부탁한 사람이 아니라 가르치는 당사자가 된다.

공부한 것을 다시 복습하는 것과 I teach you 방법이 다른 것이 무엇일까?

복습은 눈앞에 놓인 자료를 보면서 재학습하는 것이며 I teach you 방법은 이미 공부해서 기억하는 것을 토대로 정보를 재생산하는 것이다. 여러 연구에 따른 인지메커니즘은 학습자가 단순히 복습하는 것보다 의도적인 정신적 탐구를 통해 이전에 학습한 내용을 찾으려 할 때 더 잘 기억할 수 있다.

배운 것을 다시 복습할 때 세 가지 유형이 있다.

1. 인식(Recognition): 이전에 갔던 맛집을 다시 찾아가려고 한
   다. 그런데 어느 골목인지 기억이 나지 않는다. 주변을 돌며 눈
   에 익은 몇몇 건물과 거리를 지나 결국 목적지를 찾게 된다.
   전에 보았던 거리를 아직 기억하고 있기 때문이다. 이것이 인
   식이다. 학습 정도가 가장 낮다.
2. 재학습(Relearning): 전에 배운 것을 복습하는 것이다. 일반
   적으로 말하는 복습이 재학습에 해당한다. 학습 정도는 세 가
   지 중에서 중간에 해당한다.
3. 상기(Recall): '제2차 세계대전은 ( )년에 발발했다'처럼 해답을
   기억해 내려 하는 것, 또는 햄버거 가게에서 이전에 배웠던 영
   어 표현을 떠올려 주문하게 될 때 상기에 해당한다. 학습 정도
   가 가장 높다.

어학 시험에서 괄호( ) 안에 직접 정답을 적는 것은 상기에 해당
하며 사지선다형 문제를 푸는 것은 인식에 해당한다. 따라서 보기
가 주어진 사지선다형 복습은 학습효과가 낮다. 이런 원리를 이해
하면 학습지나 외국어 학습 앱을 고를 때 어느 것을 사용하는 것
이 더 효과적인지 판단하기 쉽다. 사지선다형 문제처럼 인식 테스
트 방법을 사용하는 것은 효과가 낮다.

I teach you 방법은 재학습과 상기를 함께 이용한다.. 이전에 학습한 내용이 저장된 메모리에서 의도적으로 정보를 탐색하여 찾은 후 학습자가 지닌 능동적인 단어(Active words)로 재표현하는 방법이다. 이 학습 방법은 그 어떤 방법보다 뛰어나다. 〈외국어를 과학적으로 배우는 방법〉에서 언급한 번역 방법(Translation Method)도 이 상기에 해당한다. 그 어떤 방법이든지 상기하는 방법으로 하는 것이 재학습 효율이 가장 높다. 특히 I teach you 방법은 타인이 없이 책을 읽을 때 스스로 설명하듯이 연습해도 효과가 아주 뛰어나다.

I teach you 테크닉을 하는 방법은 아래와 같다.

1. 배우고자 하는 자료 준비
2. 자료를 먼저 읽어서 이해
3. 설명할 수 있는 상대방을 구한다.
4. 배우고 싶은 내용, 표현, 단어 자료를 토대로 상대방에게 설명하듯 이야기한다.

3번 상대방이 없다면 상상으로 누군가에 설명하듯이 해도 좋다. 그러나 실제 사람에게 설명하는 것이 가장 효과적이다. 왜냐면 자기 말을 듣고 있는 상대방이 이해가 안 될 때에는 질문을 한다. 학습자는 상대방이 이해 못 한 부분을 다시 설명해야 하며 대화를 통해 보완할 수 있다.

필자가 언어 습득에 관해서 상당한 것을 배울 수 있었던 이유가 여러 나라에 있는 필자의 선생님들에게 언어 습득에 관한 연구내용을 설명하기 때문이다. 또한 언어를 어떻게 가르쳐야 하는지 항상 그들의 언어로 설명한다. 그렇게 함으로써 실제로 언어 습득에 대해서 더 잘 배우게 되는 사람은 상대방이 아니라 바로 필자가 된다.

예를 들어 보자.

제10장에서 언급한 이어폰에 대한 부분이다. 당시에 왜 수업 때 학생이 이어폰을 쓰면 더 효과적인지에 대해서 많은 선생님이 인지조차 하지 못할 때였다. 화상통화를 할 때 깨끗하게 들리는 음질은 아주 중요하다. 따라서 필자는 자료를 찾아서 설명을 해야 했다. 여러 글과 연구내용을 검색하여 정리한 내용은 아래와 같다.

When a person listens to sound through headphones, the speakers are located close to their **eardrums**. **Headphone housings** are usually designed to suppress background noise. Thus, only sound enters the **ear canal**. This allows a person to isolate the smallest details from the sound.

해석) 헤드폰을 통해 소리를 들을 때, 스피커는 고막에 가깝게 위치합니다. 헤드폰 하우징은 일반적으로 배경 소음을 억제하기 위해 설계됩니다. 그래서 귓속으로는 소리만 들어갑니다. 이로써 청취자는 세심한 소리까지 다 흡수할 수 있습니다.

이렇게 정리한 내용을 선생님들에게 보내주면서 설명한다. 귀 안을 손가락으로 가리키며 eardrum(고막)을 표현한다. 귀를 덮는 부분을 Headphone housing이라 하는데 하우징을 귀에 대는 제스처를 취하며 손으로 잡음을(background noise) 없애는 제스처를 취한다. 그리고 손가락 하나로 귓구멍으로 넣을 듯이 ear carnal(귓구멍)을 표현한다. 이렇게 하면 사용 빈도가 낮아서 잘 사용하지 않는 의학적 용어는 물론 기술적 용어도 깊게 배울 수 있고 오래 기억하게 된다.

이렇게 설명할 때는 우리의 집중력은 읽은 것을 잘 이해하고 설명하기 위해 최고조에 달한다. 따라서 배우는 효과가 크게 증대된다.

> **상기는 복습보다 더 효과적인 학습 방법이다.**

제11장
제스처를 취하라

외국어를 배우고 말할 수 있게 되는 과정은 다음과 같다. 새로운 정보를 학습하는 것을 인코딩(Encoding)이라 하고 인코딩한 것을 메모리 속에 저장(Storage)하며 저장한 것을 필요할 때 인출(Retrieval)해서 말을 하게 된다.

컴퓨터를 우리의 두뇌라고 가정해 보자. 정보를 저장하기 위해서는 필수적으로 거쳐야 하는 것이 입력이다. 키보드를 타이핑하는 것이 인코딩에 해당한다. 타이핑한 정보는 하드디스크에 저장된다. 그리고 저장한 정보를 필요할 때 꺼내는 작업이 바로 인출(검색 포함)에 해당한다.

외국어를 배울 때 이해가 어렵거나 주의를 기울이지 않을 때는 인코딩이 깊게 일어나지 않는다. 따라서 저장될 확률도 낮아진다. 우리가 외국어로 표현할 수 있다는 말은 먼저 인코딩시키고 그 표현이 장기 기억 속에 저장되어 필요할 때 쉽게 인출이 가능하다는 것을 의미한다.

뇌과학 외국어 학습 혁명

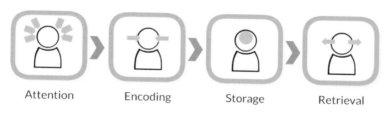

Attention   Encoding   Storage   Retrieval

[그림 36] 외국어를 학습하며 사용하게 되는 과정

외국어 습득은 인코딩, 저장, 인출 이 세 가지 과정을 수없이 많이 반복해야 한다. 반복을 통해 배운 표현이 더 굳건히 되는 재강화(Reconsolidation)를 수도 없이 많이 거치면서 모국어처럼 유창해진다.

외국어를 배울 때 단순히 읽는 것에 그치지 않고 손으로 직접 필기를 하면 그 정보를 이해하거나 기억하는 데 도움이 된다. 인코딩을 강화하는 역할을 하기 때문이다. 제스처도 인코딩을 더 깊게 하는 데 강력한 역할을 한다.

pick up
줍다

pick up

[그림 37] 사전적 의미로만 배울 때와 동작을 취하면서 배울 때 어떤 차이가 있을까?

동사구 pick up을 처음 배운다고 가정해 보자. 단순히 'Pick up: 줍다'라는 사전적 의미로 배우는 것보다 자기 손으로 줍는 시늉을 하면서 이 단어를 연습하게 되면 행위화 효과(Enactment effect, Engelkamp & Krumnacker 1980)로 인해 훨씬 더 잘 기억할 수 있다. 제스처를 취하면 운동감각이 함께 활성화되고 강한 인코딩이 일어난다. 강한 인코딩은 정보 저장 시간을 더 길게 연장하는 역할을 한다.

Heil et al. (1999) 연구에 따르면 피실험자들이 단순히 듣기만 했을 때보다 제스처와 함께 들었을 때 더 잘 기억하였다. 그리고 여러 연구에서도 유사한 결과가 나타났다(Wig et al. 2004), (Kelly et al. 2009). 제스처를 취하면 대뇌 피질 전두엽에 위치한 운동피질 (Motor Cortex)도 같이 활성화되고 그로 인해 인코딩이 깊게 일어

뇌과학 외국어 학습 혁명

나기 때문이다.

상대방이 제스처를 쓰면서 설명하면 더 잘 집중하고 이해가 된다. 그리고 더 깊게 인코딩된다. CCI에서도 제스처는 학생의 집중력을 잘 끌어내고 학습 효율을 올리기 위한 효과적인 수단이 된다. 그래서 훌륭한 연설가들을 제스처를 잘 쓴다.

일반적으로 평화, 안정 등 우리가 직접 볼 수 없는 추상적인 단어는 감각피질 또는 운동피질이 활성화되지 않는다. 이런 점에서 책, 물, 불 등 물질명사보다 더 기억하기가 어렵다.

C. Repetto(2017)는 피실험자들이 책을 읽을 때 그림과 제스처를 통해 추상 단어를 더 잘 기억할 수 있는지 실험하였다. 20명의 성인에게 30개의 추상 단어를 세 가지 방법으로 학습시켰다.

(가) 읽기
(나) 새로운 단어의 의미를 보여주는 그림이 포함된 읽기
(다) 직접 제스처를 쓰면서 읽기

테스트 결과 제스처를 쓰면서 읽은 사람들이 더 잘 기억했다. 새로운 단어를 더 잘 배우고 오래 기억할 수 있으려면 감각기억과 운동기억이 함께 수반될 때이다. 단어의 의미를 그림을 연상하여 오래 기억하는 연상기억법(Mnemonic Techniques)이 효과적인 것이

이런 이유이다. Shams and Seitz(2008)는 우리의 두뇌는 시각, 청각, 촉각 등 여러 감각이 통합적으로 수반될 때 더 잘 배운다고 주장한다. 따라서 단순히 듣고 읽는 것보다 제스처를 취하여 다양한 감각을 활용하게 되면 깊게 인코딩할 수 있다.

불(Fire)이란 단어를 배울 때 사전적 의미로 배우는 것을 하나의 연결고리로 생각해 보자. 불을 볼 때 온도가 올라감에 따라 빨간색, 노란색, 파란색, 흰색을 보게 된다. 영상 기억이 두 번째 연결고리가 된다. 불 가까이 있으면 따뜻하거나 뜨겁다는 것을 느낀다. 촉각이 세 번째 연결고리가 된다. 사물이 불에 탈 때 냄새가 난다. 네 번째 연결고리가 된다. 하나의 단어에 여러 연결점이 생길 때 우리는 그 단어를 가장 잘 배운다. 마치 공상영화에서 여러 연결점이 있는 네트워크를 형성하는 것과 같다.

[그림 38] 연결고리가 많을수록 효율적으로 배울 수 있다

뇌과학 외국어 학습 혁명

단어가 여러 연결고리를 가지면 가질수록 그 네트워크는 더 커진다. 정보처리가 더 빨라지고 그 단어를 상기할 때 인출이 빠르고 쉬워진다. 여러 연결점에서 하나만 활성화되어도 그 단어가 쉽게 떠오르기 때문이다.

그림과 함께 새로운 단어의 의미(L1)와 소리를 배울 때 그림은 심상(Mental Image)에 재생된다. 필요할 때 그 단어를 인출하려 할 때 우리는 모국어(L2:L1)를 통해서 떠올릴 수 있는 것뿐만 아니라 이미지를 통해서도 떠올릴 수 있다. 만약에 음향 기억이 약화하여 소리의 연결고리로 그 단어를 떠올릴 수 없다면 심상에 재생되는 이미지를 통해 그 단어를 떠올리게 된다.

따라서 학습자는 읽기 연습을 할 때 큰소리로 읽는 것은 물론 제스처를 씀으로써 읽기의 효과를 극대하게 올릴 수 있다. 자신이 읽는 문장에 따라 손을 크게 벌리거나 좁게 하여 다양하게 활용한다. 문장의 의미에 따라 다양한 제스처를 씀으로써 더 깊은 이해를 도모함은 물론 필요할 때 인출하기도 쉬워진다.

필자가 책을 읽을 때 연습하는 방법은 다음과 같다 .

(가) 읽을 원서를 준비한다.
(나) 골전도 마이크를 착용한다.
(다) 책을 큰 소리로 읽으면서 문맥에 따라 손을 움직인다.

예를 들어 보자.

원문

There are two types of memory, working memory and long-term memory. Working memory can also be related to short-term memory.

When you try to memorize your friend's telephone number to call, you will put it into working memory. Working memory is like a table for you to deal with your temporary job for the next procedure. If you are done with your job, the object is delivered for another process or is discarded. The time span to retain the information lasts from some seconds to a few hours. That's why you easily forget your friend's phone number after you called. It won't last long.

해석

두 가지 종류의 기억이 있다. 작업 기억과 장기 기억이다. 작업 기억은 단기 기억과 관련이 있다. 당신이 전화를 걸기 위해 친구의 전화번호를 기억하려 할 때, 그 정보를 작업 기억에 저장한다. 작업 기억은 다음 절차를 위해 일시적인 작업을 다루는 테이블과 같다. 일을 마치면 그 대상은 다른 과정으로 전달되거나 폐기된다. 정보를 유지하는 시간은 몇 초에서 몇 시간까지다. 그래서 전화를 건 후에는 친구의 전화번호를 쉽게 잊어버리는 것이다. 오래 지속되지 않는다.

뇌과학 외국어 학습 혁명

[그림 39] 제스처를 취하면서 읽으면 더 많이 기억할 수 있다

　There are two types of memory를 읽을 때 필자는 two types 부분에서 손가락으로 두 개를 표시한다. 그리고 양손을 조금 펴면서 뭔가를 받치는 제스처를 취한다. 메모리란 추상적인 대상을 필자 마음속으로 형상화하는 것이다. 다음 Working memory를 말할 때는 기계적인 톱니바퀴가 돌아가는 것을 떠올리면 손을 조금 휘젓는다. Long-term memory를 말할 때는 양손을 벌리면서 길다는 것을 표현한다. be related를 말할 때는 케이블처럼 뭔가 연결되는 선을 양손으로 제스처를 취한다. When you try to memorize 을 말할 때는 맘속으로 뭔가 두뇌 속으로 학습하는 양상을 떠올린다. Table을 말할 때는 손등이 위로 향한 채 옆으로 벌려서 탁자 형상을 떠올린다. For the next processing을 말할 때는 양손을 번갈아서 돌린다.

　이렇게 여러 제스처를 취한다. 이런 제스처를 별도로 따로 배운 적은 없다. 여러 경험과 이미지로부터 자연스럽게 취하는 것일 뿐이다. 독자분들도 자신만의 방법대로 가능하다. 이렇게 제스처를 취하면서 말하면 말하는 속도가 느려지고 더 정확하게 발음하는 데 도움이 된다. 그리고 읽는 문장의 의미를 더 깊게 이해하고 인코딩이 강하게 된다. 그만큼 읽는 내용을 더 많이 기억할 수 있다.

제스처는 스피킹 연습은 물론 인코딩을 강하게 하고 오래 저장하는 데 도움이 된다.

제12장
회화 수업을 효율적으로 하기 위한 정보

가. 학습자가 관심을 가지는 자료를 활용해야 한다

전통적으로 학습 위주로 하는 회화 수업에서는 사용하는 교재가 흥미로운 경우는 거의 없다. 교재가 주목하지 않을 수 없는 흥미로운 인풋(CCI)이 안된다면 수강생 스스로 주목을 하여야 잘 배울 수 있다. 성인은 학습 능력이 있어서 큰 문제가 없다. 그러나 아이들은 자신이 관심이 없는 대상에 대해서는 주목하지 않는다. 수업을 제공하는 사람이 커리큘럼이 아무리 좋다고 강조해도 아이들이 관심이 없으면 기타 교재와 다를 바 없다. 따라서 아이들에게는 아이들이 관심을 가질만한 대화를 해야 한다. 아이들은 선생님이 재미있는 친구, 누나, 오빠이기를 원한다.

아이들은 자신의 일상생활에 대한 이야기를 나누는 것이 무난하다. 어른의 경우에는 서로 간의 사고방식 차이, 다른 문화에 관해 이야기하는 것을 재미있어한다. 예를 들어 많은 한국인들은 소파

위에 앉지 않고 소파에 기대어 거실 바닥에 앉는 경우가 많다. 외국인으로서는 이해하기 힘든 문화다. 식당이나 카페에서 휴대전화를 탁자 위에 올려놓고 자리를 비우는 모습에 외국인들은 크게 놀란다. 이런 대화 주제로 대화하며 관련 블로그 글, 신문내용 등 자료를 부가적으로 이용하면 회화 수업이 훨씬 더 재미있고 학습자가 배우는 정도는 훨씬 높아진다.

나. 서로 공감할 수 있는 대화를 주고받아야 한다

학습자는 원어민과 재미있게 주고받는 대화를 통해 자연스럽게 언어를 습득하는 경향이 크다.

'Languages cannot be taught. They only can be learnt'

필자가 원어민 선생님들에게 늘 설명하는 말 중의 하나다. 문제를 내준다.

"언어는 가르쳐서 배울 수 있는 게 아니에요. 한국은 영어를 16년 이상 배워요. 그런데도 영어 대화를 잘 못 해요. 왜 그런 줄 알아요? 질문을 낼게요.

여러분이 새로운 외국어를 배우고 싶다고 가정해 보죠. 독일어요. 여러분에게는 단 두 가지 방법이 있어요. 두 가지 방법 다 매일 1시간 배우는 거예요. 첫 번째는 외국어 수업을 받는 거예요. 두 번째는 원어민 남자친구를 사귀는 거예요. 어느 방법이 일 년 후에 레벨이 더 높을까요?"

이런 질문에 10명 중 9명은 원어민 남자친구를 선택한다. 대다수 사람은 어떤 상황에서 외국어를 더 잘 배울 수 있는지 기본적으로 이해를 한다. 그리고 다시 필자가 질문한다.

"왜 그럴까요? 수업받으면 선생님이 잘 가르쳐 주잖아요. 선생님은 어떻게 그 언어를 가르쳐야 하는지 잘 알고 있어요. 그런데 남자친구는 자신의 모국어를 어떻게 가르쳐야 할지 잘 몰라요. 그런데도 왜 남자친구에게서 더 잘 배우는 것일까요?"

이런 질문을 받으면 가르치는 것으로 언어를 배울 수 없다는 말에 한 발짝 더 이해할 수 있게 된다.

"그 이유는 남자친구와 매 순간 의미 있는 대화를 나누기 때문이에요. 배고프지 않아? 우리 뭐 먹을까? 내일 뭐 할 거야? 등 말이죠. 반면에 수업에서는 선생님이 정말 학생에 대해서 관심을 가지는 질문을 잘 하지 않아요. 교재에 있는 질문을 하죠. 그건 의미 있는 대화가 아니에요. 정말 학생 자신에게 관심이 있어서 묻는 말이 아니라 교재에 있는 기계적인 질문이란 것을 학생들이 다 느껴요. 학생들은 기계가 아니니까요. 감정이 있는 인간이란 말이죠. 그런 대화를 누가 재미있어하고 적극적으로 임할까요? 반면에 남자친구와 대화할 때는 모든 대화가 정말 남자친구와 대화하고 싶은 말만 하기 때문이죠. 말 한마디 한마디가 다 중요해요. 그러니 거의 모든 말이 다 가슴에 와닿을 밖에요. 그렇게 언어 습득이 일어나는 거예요."

이 의미만 이해해도 외국어 학습에 대한 이해를 크게 올릴 수 있

뇌과학 외국어 학습 혁명

다. 학습자가 외국어 공부를 할 때 오로지 가르치기 위한 학습 자료만 이용하는 것은 효과가 비교적 낮다. 대표적으로 인터넷강의가 여기에 해당한다. 인터넷강의는 참고용으로 이해하기 위해서 보는 것이 좋으며 오로지 인터넷 강의를 이용하는 것은 추천하지 않는다. 마치 습관을 형성하듯 초기 언어 학습 방법은 향후 학습 방법을 좌우한다. 〈외국어를 과학적으로 배우는 방법〉에 소개한 전이(Transfer)와 관계가 있다. 문법 공부할 시간에 이야기를 읽는 것이 언어 습득에 더 효과적이라고 해도 문법 공부를 통해 긍정적인 효과를 본 학습자는 문법 공부를 계속 선호하기 때문이다. 이것이 전이이다.

결국 외국어를 어떻게 효과적으로 배워야 하는지 깊게 이해하면 학습 방법이 변한다. 반면에 비효율적인 학습 방법에 대한 관념이 변하지 않으면 언어를 습득하는 정도가 낮아진다. 그렇게 낮아진다는 것을 인식조차 할 수 없다. 결국 결과는 더 긴 시간비용을 치러야만 한다.

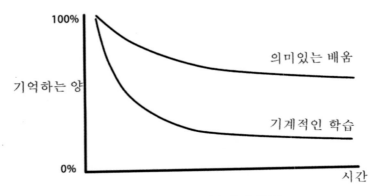

[그림 40] 기계적인 학습 방법은 효율이 낮다

유의미하게 배울 때와 패턴 연습, 단어 암기 등 기계적인 학습을
하면 배 이상 언어 습득 차이가 난다.

뇌과학 외국어 학습 혁명

다. 플래시 카드나 단어를 가르치는 수업은 지양하자

아이들 수업에서 단어 중심적으로 수업하는 경우가 많다. 레벨이 낮아서 아이들이 잘 이해를 못할 것이라고 지레 단정한다. 그래서 가장 이해하기 쉽게 느껴지는 단어부터 시작하는 전형적인 오류이다. 우리는 문장 형태로 더 잘 배운다. 주어, 동사, 목적어나 보어가 있는 짧은 문장이다. 간결하고 구체적인 문장으로 배우는 것이 단어 하나만 가르칠 때보다 더 잘 배운다. 따라서 단어 중심적 수업은 지양하는 것이 좋다. 우리가 언어를 습득하는 방법은 상대방이 말하는 메시지를 이해할 때이다. 메시지는 대부분 문장으로 이루어져 있다. 다음 제16장에 더 자세히 다루기로 한다.

라. 적정한 레벨의 자료 이용

　수용어휘력(Lexical Coverage)이 높은 자료를 활용해야 한다. 수업자료에 모르는 단어가 많으면 학습자가 이해할 수 있는 정도가 낮아진다. 일반적으로 국내에서 이루어지는 대다수 수업은 레벨이 높은 자료를 활용하는 경우가 많다. 특히 학원에서 어려운 자료를 제공해서 사실이 아님에도 불구하고 아이가 얼마나 뒤떨어져 있는지 어머니가 공포감을 느끼도록 하는 경우가 많다. 학원을 꼭 수강하도록 하기 위한 공포마케팅이다. 외국어 학습은 하나하나 아래에서부터 차근 쌓아 올라가는 벽돌담과 같다. 수용어휘력을 점진적으로 향상할 수 있도록 단계적으로 배워나가야 한다. 98%의 룰을 적용하고 흥미로운 매체를 발견하면 언어 습득은 비약적으로 향상할 수 있다.

유의미한 대화는 언어 습득에 있어서 아주 중요하다.

제13장

1%의 마법

이 장에서 회화 수업을 할 때 효율을 크게 향상할 수 있는 방법에 관해서 설명하고자 한다. 1%라고 표현했지만 실은 그 이상이다.

가. 외국어 학습 시 큰 화면으로 바꿔라

일반적으로 많은 사람은 이미지를 잘 기억하는 것은 크기와 상관없이 이미지가 어떻게 보이느냐 달려 있다고 믿어왔다. 그러나 이스라엘의 바이란(Bar-Ilan) 대학 연구에 따르면 82명의 피실험자는 작은 이미지보다 큰 이미지를 20% 더 정확하게 또는 1.5배 더 잘 기억할 수 있었다. 연구자들은 큰 이미지를 처리하는 데 더 많은 자원이 할당되기에 작은 이미지보다 큰 이미지를 더 잘 기억할 수 있다고 믿고 있다.

이와 관련된 메모리 테크닉이 있다. 슈퍼마켓에 식료품 10개 사려고 할 때 외우는 방법이 있다. 식료품 10개를 전부 팔과 다리가 있는 거대한 사람처럼 의인화한다. 우스꽝스럽고 과장 할수록 좋다. 그리고 이런 식료품들이 순차적으로 집안에서 소파에 앉아서 먹기도 하고 TV도 보는 것처럼 상상하자. 구체적일수록 좋다. 이렇게 집중해서 10개의 식료품을 상상하면 놀랍게도 이것을 아주 오랫동안 기억할 수 있다. 이처럼 큰 이미지일수록 우리는 더 잘 기억할 수 있다.

또 다른 연구에서 밝혀진 것은 휴대전화 화면으로 뉴스를 보는 사람들은 큰 화면으로 봤던 사람들보다 감정적인 변화가 적었다. 그로 인해 화면에 크게 집중을 기울이지 않았다. 마치 영화를 극장에서 큰 스크린으로 보는 것과 휴대전화로 작은 화면으로 볼 때 느끼는 감흥이 다른 것처럼 쉽게 이해가 될 것이다. 필자가 행하는 온라인 수업에서도 이런 결과와 일치한다. 휴대전화로 수업한 학생들은 컴퓨터로 수업한 학생들에 비해 언어 향상 정도가 최소 30% 이상 부진했다. 집중도가 낮았으며 아이들의 경우에는 산만해지는 정도가 더 컸다.

뇌과학 외국어 학습 혁명

나. 이어폰 또는 헤드폰을 사용하자

외국어를 말할 때 발음이 다른 이유는 입 근육과 혀의 움직임이 달라서 뿐만이 아니다. 근본적으로 그렇게 들리는 이유도 있다. 영어 발음 훈련이 안 된 일본인에게 영어 L과 R은 같은 발음으로 들린다. 그래서 많은 일본인은 'Lead'와 'Read'를 거의 같은 소리로 인식하며 말할 때도 같은 발음으로 말한다. 반면에 중국 사람들은 L/R 발음은 물론 P/F 발음도 잘한다. 중국어에는 유사한 발음이 있기 때문이다.

이렇듯 외국어 소리를 인식하는 것이 다른 이유는 모국어 영향을 크게 받기 때문이다. 한국어에 있는 영어 소리를 들으면 가장 가깝게 들리는 소리로 착각할 수도 있다. 영어를 말할 때도 한국식 발음으로 유사하게 말하게 된다. 대표적으로 like를 라.이.크. 이렇게 3음절로 또박또박 발음하는 경향이 있다. 일본인도 그렇다. 따라서 이런 문제를 해결하기 위해서는 원어민 소리를 정확히 인식해야만 한다.

모국어에 없는 소리라서 잘 못 듣는 문제를 줄이려면 이어폰이나 헤드폰을 사용하는 것이 효과적이다. 이하 둘을 함께 이어폰(헤드폰)으로 말한다. 구체적으로 보면 휴대전화로 듣는 소리와 컴퓨터로 듣는 소리는 다르다. 휴대전화처럼 크기 작은 전자기기의 소리가 큰 스피커에서 나오는 소리보다 음질이 좋지 않은 경우가 많다. 전자기기의 소리신호를 받는 수음 기능이 좋지 않은 경우는 소리가 일그러지기도 한다. 그리고 외국인과 이어폰 없이 휴대전화로 대화하는 경우 소리를 제대로 인식하지 못하는 경우가 빈번하게 발생하는 데 이어폰을 사용하면 이런 문제를 상당 부분 해결할 수 있다.

이어폰이 외국어를 배우는 데 더 유용한 이유는 외부 소음을 차단하게 디자인되어 있어서이다. 따라서 오직 이어폰의 소리가 집중적으로 고막으로 들어간다. 이어폰을 착용하지 않았을 때 듣지 못할 미세한 차이까지 감지할 수 있다. 또한 음원에 더 집중할 수 있다. 이어폰 사용 여부가 별거 아닌 것처럼 여겨질 수 있지만 더 섬세한 차이를 들음으로써 언어 습득을 크게 향상할 수 있다. 이 차이는 실로 크다.

- 큰 소리로 책을 읽으면서 그 소리를 들어 보자.

〈외국어를 과학적으로 배우는 방법〉에서 타인에게 큰 소리로 읽어 주는 방법이 정보를 기억하는 데 가장 효과적이다고 설명한 바 있다. 이와 유사하게 상대방에게 무언가를 큰 소리로 설명하면 듣는 사람이 아니라 말하는 사람이 더 많이 배우게 된다. 그 시점에 말했던 표현과 단어를 더 오래 기억할 수 있다.

읽을 때 빨리 읽는 것보다 의미를 충분히 이해하면서 정확한 발

뇌과학 외국어 학습 혁명

음으로 천천히 읽는 것이 더 효과적이다. 영어로 말할 때 삼인칭 단수 동사 -s 발음하는 것까지 신경 써서 발음해야만 한다.

더 나아가 읽는 소리를 자기 귀로 직접 듣는 연습을 하는 것이 좋다. 스피킹 연습할 때 자신의 목소리를 녹음해서 다시 들어 보는 학습자들이 있다. 말하는 소리를 녹음해서 들어 보면 여러 문제점을 발견해서 스스로 교정할 수 있기 때문이다. 틀린 문장을 원어민에게서 교정받는 것처럼 녹음하는 것도 매우 효과적인 발음 교정 방법이다. 필자의 경우 읽는 즉시 필자의 목소리를 들을 수 있는 골전도 마이크를 사용해서 듣는다. 이 장치가 있는 것과 없는 차이는 실로 크다.

골전도 마이크를 사용하는 이유는 읽는 소리를 명확하게 듣기 위해서다. 마이크를 통해 전달된 자신의 목소리가 귀 앞쪽 뼈에 붙은 골전도 장치를 통해 뚜렷하게 들린다. 듣는 동시에 발음 교정이 가능하고 타인에게 잘 전달하고 있는지 스스로 알 수 있기 때문이다.

따라서 이 연습 방법은 단순히 책을 읽는 것보다 효과가 매우 뛰어나다. 내가 제대로 말하고 있는지, 이해하고 있는지를 매 순간 바로 확인, 교정하고 향상할 수 있다. 이전에 이런 장치가 없었을 때는 녹음을 하고 난 후 별도로 재생시켜 들어야 했다. 그래서 시간이 더 많이 걸리고 녹음하기 위해 읽기를 자주 끊어야만 했다. 골전도 마이크를 사용해서 동시에 듣는 방법은 쉐도잉 연습을 즐겨 하는 학습자에게도 유용한 방법이 될 것이다.

위 세 가지만 개선해도 외국어 향상이 크게 일어난다. 매년 7% 복리가 붙으면 10년 후에는 2배가 된다는 금리 72 법칙이 있다. 유치원을 제외하고 초등학교부터 대학교까지 16년간 영어를 배운다. 위 방법들을 개선하면 자신의 레벨을 두 배 이상 향상할 수 있다.

뇌과학
외국어
학습 혁명

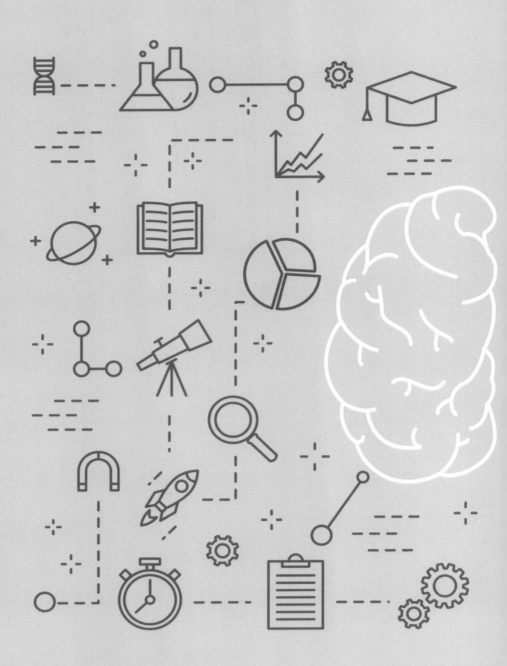

Part 2

우리 아이 외국어 지도하기

제14장

아이는 만 9세 전후로 다르다

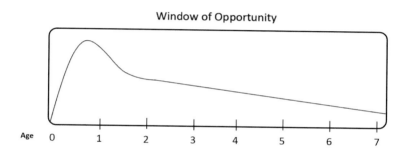

[그림 41] 만 1살을 정점으로 외국어를 잘 배울 수 있는 능력은 점점 감소한다

　영어 표현으로 'Pick Up', 아무런 노력 없이 줍는다고 할 정도로 아기는 자연스럽게 언어를 잘 배울 수 있다. 여러 연구 결과에 따르면, 어린 시기에 외국어에 노출시키면 언어 패턴, 소리, 문법 구조를 자연스럽게 익히고 거의 영구적으로 그 정보를 상당 부분 그대로 가져갈 수 있다. 이 절호의 기회는 성숙해 감에 따라 창이 닫히듯이 점차 좁아진다. 창이 닫힌 이후에는 제2 언어 습득은 발음, 문법, 어휘 습득은 더 큰 노력이 필요하다. 성인이 아이들과 달리

큰 노력을 기울이고 기존 지식과 경험을 토대로 학습해야만 하는 이유이기도 하다.

아기가 태어나서부터 1년까지 최대 정점에 이른다. 1년 후부터 기회의 창이 서서히 좁혀지기 시작한다. 이 기간이 약 9~10년에 해당한다. 일반적으로 사춘기가 시작되는 시점 이전까지다. 그래서 초등학생 4, 5학년 때부터 거의 성인과 비슷해진다.

아이 언어 발달에 관해서 저명한 교수 Patricia Kuhl는 이제 갓 태어난 일본과 미국 아기들에게 'la'와 'ra' 소리를 들려주었다.

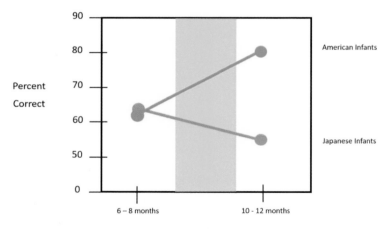

[그림 42] 9개월 전후를 기점으로 더 이상 외국어에 반응하지 않기 시작한다

두 그룹의 아기들은 6~8개월까지는 모두 두 소리에 반응했다. 그러나 10개월이 넘어서자, 일본 아기들은 더 이상 반응하지 않기

뇌과학 외국어 학습 혁명

시작했다.

또 다른 실험에서 중국어 선생님이 9~10개월이 된 미국 아기들에게 중국어로 책과 장난감을 가지고 놀면서 한 달간 12번, 각 25분씩 들려주었다. 통제 그룹은 영어만 들었다. 그러자 중국어에 노출되었던 아기들은 중국 원어민 아이처럼 중국어 소리를 잘 구별할 수 있었다.

따라서 아기가 태어나서부터 1년간은 아기가 외국어를 자연스럽게 배울 수 있는 능력을 갖출 수 있는 절호의 기간에 해당한다. 이 능력은 해를 넘어갈수록 급격히 감소한다. 이런 점에서 자녀의 언어 발달을 향상하고 싶다면 아이와 대화를 많이 하기를 권해드린다. 만 9살 이전까지는 아이들은 부모처럼 자신을 아껴주는 상대방과 주고받는 대화를 통해 언어를 가장 잘 배운다. 나이가 어릴수록 소리를 더 잘 구별하고 자연스럽게 문법을 체득할 수 있다. 그러나 만 9~10세가 지나면 서서히 스스로 더 노력하는 만큼 더 잘 배울 수 있다.

다음 장에서 더 구체적으로 살펴보자.

아이들 외국어 교육은 만 9~10세 전후로 달리 보아야 한다.

제15장
시청각 자료는 아이에게
얼마나 유용할까?

영국에서 실험한 자료에 따르면, Blues Clues와 같은 교육 방송을 보는 경우에는 정보를 상기하고 방송에 나온 문제를 해결하는 데 도움이 된 반면 (Crowley et al 1999; Geist et al, 2000), 방송이 빠른 속도로 전개하고 여러 장면이 줄기차게 나오는 것은 집중력 저하를 가져왔다. (Cooper et al, 2009)

Kuhl 교수에 따르면 아기들은 스크린으로부터 배우는 것은 아무것도 없으며 오직 사람 간의 교류를 통해 배울 수 있다고 주장한다.
Kuhl 교수는, 9개월 된 미국 아이들을 두 가지 방법으로 실험하였다.

[그림 43] 아기들은 실제 사람과의 교류에 반응한다

(가) 중국 원어민이 실제로 아이들과 이야기하였고

(가) 중국 원어민이지만 TV를 통해 같은 이야기를 진행하였다.

중국 원어민과 실제로 대화를 나눈 아이들은 특정 소리를 구별하는 능력을 향상했지만 TV를 본 아이들은 향상되지 않았다. (Kuhl et al, 2003)

뒷받침하는 연구들이 더 있다.

Christakis는 어른과 대화하는 방법과 텔레비전을 시청하게 한 0~4살의 아이들이 어느 정도 언어 발달이 있었는지 실험하였다. (Christakis et al, 2009)

어른과 직접적으로 대화한 아이들은 TV를 시청한 아이들에 비해 언어 발달이 6배 이상 향상이 되었다. 대화하지 않고 어른이 이야기를 들려주는 방법에서도 아이들은 큰 언어 발달을 보였다.

다른 연구에서도 어른과 얘기를 많이 나눈 아이들은 더 많은 단어를 배웠고 그저 듣기만 한 아이들은 그렇지 못했다. (Shneidman and Goldin-Meadow, 2012) (Shneidman et al, 2013), (Weisleder and Fernald, 2013)

여러 연구 결과를 봐도 같은 결과를 보인다. 아이들은 자신을 사랑하는 상대방과 대화를 많이 나눌수록 언어 발달이 크게 향상된다는 점이다.

심지어는 화상통화를 한 Roseberry(2014) 연구에서도 유사한 결과를 보였다.

연구에서 24~30개월 아이들에게 다음의 두 가지 방법으로 어른이 대화했다.

[그림 44] 녹화 영상을 시청하게 하는 것은 효과가 낮다

(다) 화상통화로 실시간 대화

(라) 미리 녹화한 내용을 시청

두 경우 다 어른들은 아이들과 대화를 시도했다. 그러나 오로지 '(다) 실시간 대화'에서 어른 말에 답하거나 여러 표정으로 적절히 응답했다. 실제 대화를 나눈 아이들은 단어가 증가했지만, '(라) 녹화된 영상'을 본 아이들은 그렇지 못했다.

이 결과는 12~25개월 된 아이들에도 유사하였다. (Myers et al, 2017)

그러나 주의할 것이 있다. 위 두 연구에서 아이들은 전혀 모르는 어른에게 배운 것이 아니었다. 어른이 아이에게 다정하게 말하면서 워밍업 시간을 가질수록 아이들은 반응하기 시작했다. 예로 아이에게 '~놀이 했니?'로 다정하게 대화를 시작하는 것과 달리 바로 그런 것을 건너뛰고 가르치려고 하면 아이들은 잘 배우지 못했다. (Troseth et al, 2018) (Strouse et al, 2018)

그리고 다른 사례로 언어장애가 있는 부모가 있었다. 다행히 그들의 두 아이는 정상으로 태어났다. 이 두 부모는 아이들의 언어 발달이 염려되어 매일 TV를 시청하게 하였다. 그런데 결과는 아이들의 언어 발달 속도가 더 느려졌다. 이 사례는 학계에 널리 알려질 만큼 TV 시청이 아이들에게 미치는 영향에 대해서 경각심을 불러일으켰다.

따라서 기본적으로 시청각 자료로 언어를 배우게 하는 것에 대해서는 충분히 고려할 필요가 있다. 누군가는 시청각 자료로 영어를 배운 사례가 여럿 있기 때문이다. 그러나 이 부분은 어떤 시청각 자료이냐가 중요하며 시청각 자료를 볼 때 부모와 관련된 대화를 하느냐 등 여러 변수가 있다. 이런 세심한 부분까지 연구한 자료는 이 세상에 없다.

결론적으로 아이가 언어를 배우는 가장 좋은 방법은 대화이며, 부득이 시청각 자료를 활용하는 경우에는 WHO 기준을 따르는 것이 현명한 판단일 것이다.
WHO에 따르면 만 2세 이전까지 TV 시청하지 않기를 권고하며, 2~4세 사이에서는 1시간 미만으로 제한하고 있다.

> 연령이 어린 아이들은 타인과 실시간 교류하고 대화함으로써 언어를 더 잘 배운다.

제16장
대화로 언어 발달이 얼마나 될까?

아이들은 일방적 지식 전달로 외국어를 배우지 않는다. 자신이 대화의 중심에 있는 의사소통을 통해 잘 배운다. 학교에서 아무리 외국어 수업을 많이 해도 언어를 잘 배우지 못하는 이유이다. 어떤 의미인지 예를 들어 보자.

공에 대한 단어를 배울 때 아이들은 세 가지 방법으로 배울 수 있다.

[그림 45] 어느 방법이 가장 효과적일까?

1. 플래시 카드로 공(ball)이란 단어를 배우는 방법
2. This is a ball로 설명하는 형태로 배우는 방법
3. Give me the ball 또는 Catch the ball로 실제 대화로 배우는 방법

일반적인 상식과 달리 화자가 제스처를 취하면서 반복해서 말하면 아이는 3번의 방법으로 가장 잘 배운다. 아이는 실제 상황에서 화자의 제스처를 통해 Give me/Catch를 이해하고 공을 보면서 공이란 단어를 쉽게 배운다. 쉽게 이해하자면 1, 2번 방법은 아이가 해야 할 것이 아무것도 없다. 그러나 3번 방법은 화자가 아이에게 공을 달라고 한다거나 잡으라고 요청하는 것이기에 아이는 이를 이해해야 하며 이해한 것을 직접 행동에 실천해야 한다. 따라서 아이는 1, 2번 방법과 다르게 3번의 표현을 더 깊게 정보 처리한다. 이처럼 타인이 자신에게 하는 의사전달을 의미 있게 이해하고 그에 따라 행동하거나 자신만의 방법으로 응답하려는 시도는 언어 발달에 있어서 기본적으로 중요하다. 우리는 언어를 문법 공부나 단어 설명 등 '언어의 구조'를 파악함으로써 습득하지 않는다. 실제 타인 간 '의사전달이 가능한 언어' 그 본연의 목적대로 언어능력을 향상하게 된다. 특히 성인보다 학습 능력이 낮은 아이들은 더욱 그렇다.

아이들은 보고, 듣고, 맛을 보고, 상호교류하면서 직접 체험하고 감각을 통해 언어를 발달시킨다. 플래시 카드 공부 방법이 비효율

적인 이유는 단지 그림과 단어가 있을 뿐이다. 만질 수도 없고 오직 그림과 단어의 뜻으로만 배워야만 한다. 이것은 암기 방법에 해당한다. 나이가 더 어릴수록 플래시 카드는 사용하지 않는 것이 좋으며 어른에게도 플래시 카드 공부 방법은 암기 방법이므로 추천하지 않는다.

그리고 아이가 언어를 가장 잘 배우는 대화에 대해서 알아보자.

캔사스 대학, Hart와 Risley는 아이가 태어나서부터 4년간 42개의 가족을 조사하였다.

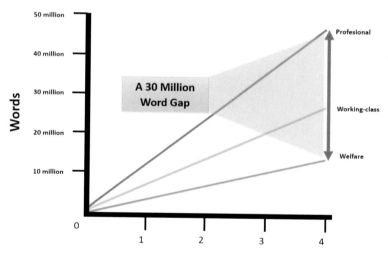

[그림 46] 대화를 많이 하는 가정일수록 아이의 언어 발달이 빠르다

태어나서부터 4년간 소득이 높은 가정의 아이들이 가난한 가정
보다 무려 3천만 개 더 많은 단어에 노출이 되었다. 또한 3살까지
아이들이 사용하는 단어의 86~98%가 그들의 부모로부터 유래되
었고 대화 유형도 부모와 닮은 양상을 보인다는 연구 결과였다.

구분	시간당 듣는 단어 수	격려 단어	낙담 단어
빈곤층	616	1	2
저소득층	1,251	2	1
고소득층	2,153	6	1

빈곤층 가정의 아이들은 일반 서민층 가정보다 절반 정도, 고소
득층보다 1/3수준의 단어를 부모에게서 들었다. 아이들을 격려하
고 낙담시키는 단어를 조사해 보니 고소득층 아이가 6번의 격려단
어와 1번의 낙담 단어를 들을 때 빈곤층 아이는 1번의 격려의 2번
의 낙담 단어를 들었다. 무려 4년간 고소득층 아이들은 4년간
560,000개 자신을 격려하는 단어를 들었고, 그에 반해 빈곤층 아
이들은 125,000개의 좌절을 느낄만한 단어를 들었다. 그리고 연구
진은 아이들이 초등학교 3학년이 되었을 때 42가족 중의 29가족
을 다시 살펴보았다. 앞서 연구한 결과는 3학년이 된 아이들의 단
어량, 언어 발달, 그리고 읽기 이해력에 달하기까지 어떻게 성장하
고 있는지를 알 수 있는 지표였다.

뇌과학 외국어 학습 혁명

결국 아이들의 언어 발달은 제14장에서 언급했던 기회의 창과 더불어 신경 연결망이 폭발적으로 확장하는 만 3살까지 부모와의 대화가 아주 큰 영향을 미친다. 그리고 대화를 많이 하는 가정에서 자란 아이들이 외국어를 더 잘 배우게 되는 것은 의심할 여지가 없다.

0살에서부터 4살까지 대화를 통해 언어 발달을 시켰듯이 아이들은 외국어도 대화를 통해 크게 향상할 수 있다. 만 9살 이전까지 대화의 비중은 절대적으로 많은 것이 좋다. 그리고 책 읽기와 이야기 듣기를 통해 더 보완할 수 있다. 외국에서는 스페인어, 프랑스어 보모를 고용하는 경우가 많다. 아기를 돌보는 것은 물론 자연스럽게 외국어를 모국어처럼 배우게 하기 위함이다. 보모를 둘 수 없는 한국에서는 부모가 기초 회화 문장을 배워 아이에게 상황에 따라서 한국말 하듯이 아이에게 반복해서 사용하는 방법이 있다. 하루에 한 문장이라도 실천하면 일 년이면 365문장이 된다. 아이는 자연스럽게 생활 속에서 그 언어를 배울 수 있다.

> 자녀의 언어 발달에 지배적인 영향을 끼치는 사람은 바로 부모다.

제17장
아이와 어른이 외국어를 배우는 방법은 무엇이 다를까?

어른은 외국어를 배울 때 시험, 승진, 입시 등 학습적으로 배우는 경향이 크다. 단어 암기, 문법 공부 및 독해를 한다. 반면에 아이들은 모국어를 배우는 방법과 크게 다르지 않다. 기회의 창에서 언급했듯이 연령 9-10세 정도 전후로 크게 달라진다. 이 연령대 기준에서 점점 어려질수록 대화, 놀이, 활동을 통해 언어를 많이 배우지만, 연령이 올라갈수록 학교나 학원에서 언어 학습 방법을 교육받고 대다수 성인과 유사하게 배워나가기 시작한다. 이는 아이 스스로 그런 학습 방법을 선택한 것이 아니라 전통적인 학습 방법을 따르는 것에 불과하다.

언어 습득 측면에서 너무 흥미로워서 몰입할 수밖에 없는 매체로 인풋을 많이 하는 것이 중요하다고 언급했지만, 전통적인 언어 교습 방법은 언어의 구조를 배우는 문법 중심적으로 이루어지는 경향이 있다. 학교 영어 수업에서도 다양한 의견을 나누는 대화의 시간이 아니라 시험문제를 맞추기 위한 수업으로 이루어진다. 결국 이런 관습에서 이루어진 언어 학습 방법이 고착화된다. 그래서 어른들은 어린아이들이 어떻게 언어 습득을 하는지에 대해서 이해가 부족한 경우가 많다.

이 문제에 대해 더 쉽게 이해할 수 있도록 아래 예를 들어 보자.

학교에서 어른들과 아이들이 같은 교실에서 외국어 수업을 받게 하면 어느 쪽이 빨리 배울까?

바로 어른이다. 학교 외국어 수업에서는 학습 능력이 그 결과를 좌우하기 때문이다.

이번에는 장소를 바꾸어 학교 밖에서 배우는 경우를 생각해 보자.

어른들, 아이들 모두 자신의 연령대 외국인들과 야외에서 지내게 하면서 외국어를 배우게 하면 누가 더 잘 배우게 될까?

이런 상황에서는 아이가 더 잘 배운다.

왜 이런 결과가 나타나게 되는 것일까?

사회적 지위, 창피함 같은 심리적 부담이 없는 아이들은 친구들과 잘 어울리기 위해서는 꼭 그 외국어를 배워야만 한다. 그래서 다른 사람들과 어울려야 하는 외부 환경에서는 아이가 더 외국어를 잘 배우게 된다.

제14장에서 소개한 Kuhl 교수의 중국어 실험에서 알 수 있듯이

개인 간 상호관계를 통해 이루어지는 사회적 학습(Social learning)은 아이들에게 아주 중요하다. 연령이 어린 아이들에게는 실제 사람들 간의 교류가 언어를 배우는 데 결정적인 역할을 한다. 반면에 어른들은 타인과 직접 대면하지 않아도 뛰어난 학습 능력을 바탕으로 스스로 학습하여 배울 수 있다.

아이들의 언어 발달은 성장함에 따라 이루어지는 사회적 활동과도 같다. 책(Book)이란 소리를 들으면서 책을 집거나 읽을 때 배움이 일어난다. 그러나 어른은 책 그림을 보고 이미 저장된 한국어 단어와 연결함으로써 배운다(L2-L1). 어른이 책이란 사물을 직접적으로 외국어(L2)로 배우지 않고 모국어(L1) 개입을 선호하는 이유는 이미 모국어가 굳건히 자리 잡고 있으며 풍부한 어휘력을 가지고 있기 때문이다. 아래 그림을 보고 어느 쪽 학습을 선호하는지 스스로 물어보자.

(가) (나)

[그림 47] 아이들은 (가) 형태로 쉽게 이해하며 어른들은 (나) 방법을 선호한다

(가)는 창문을 깨고 집안으로 침입하는 상황에 저 말을 이해하고 배울 수 있는 반면에 (나)는 사전적 의미, 침입하다가 맞는지, 억지로 열다가 될지 명확하지 않게 배우게 된다. 아이가 배우는 방법은 (가)이지만 어른은 (나) 방법으로 학습한다. 이런 번역(L2-L1) 학습 방법의 단점은 불명확하게 이해하는 경우가 많아서 원어민 같은 레벨에 도달하기 어렵게 만드는 요인이 된다. 다시 말해서 어른도 (가) 방법으로 배우는 것이 훨씬 더 효율적이며 번역 방법(L2-L1)을 부가적으로 혼용하는 것이 좋다.

이런 특성을 이해하지 못한 채 선생님으로부터 일방적이고 수동적으로 수업을 받는 형태로 언어 교육(L2-L1)을 진행하면 아이들은 그 언어를 잘 배우지 못한다. 아이들은 수동적으로 수업을 받는 명시적 학습 방법을 통해서가 아니라 자신이 능동적으로 그 대화 속 주체가 되는 암묵적 학습으로 언어를 잘 배운다. 따라서 주고받는 대화를 많이 할수록 아이들은 외국어 능력을 크게 향상할 수 있다. 아이들이 모국어를 배울 때와 다르지 않다. 한국어를 처음 배우기 시작했을 때 읽기, 쓰기부터 배우는 아기는 어디에도 없다. 소리를 듣고 인식하고, 의미를 이해하고 모방을 통해 언어를 배운다.

따라서 연령이 어릴수록 대화의 비중을 높이고 연령이 올라갈수록 읽기를 점진적으로 늘려나가는 방법이 더 효율적이다.

> 개인 간 상호관계를 통한 사회적 학습이 아이들 언어 습득의 핵심이다.

제18장
아이들이 좋아하는 책은 어떤 것일까?

아이들은 만화책, 웹툰처럼 주로 흥미 위주의 분야를 좋아한다. 장르가 매우 좁다. 여러 연구 내용을 보면 아이들과 청소년은 모험적인 이야기, 공포, 판타지, 논픽션을 좋아한다 (Harmgarth, 1999). 남자아이들은 특히 슈퍼맨처럼 주인공이 정의롭고 나쁜 악당을 무찌르는 만화소설류를 좋아한다. (Smith & Wilhelm, 2002) 반면에 여자아이들은 로맨스를 좋아한다. (Hesse, 2009)

따라서 아이들에게 책을 많이 읽히게 하고 싶다면 위에 소개된 장르의 재미있는 이야기를 접하게 하는 것이 수월하다. 미국 교과서 읽기와 같이 학습적인 책들은 부모가 바라는 것이며 이런 교과서는 아이들의 관심을 크게 끌지 못하는 경향이 있다. 몰입할 수밖에 없을 만큼 (Compelling) 흥미가 있는 매체로 읽게 되면 언어 습득이 일어난다는 것을 잊지 말자.

언어를 배운다는 것은 점점 뻗어나가는 경로를 단계별로 개척하는 것과 같다고 볼 수 있다.

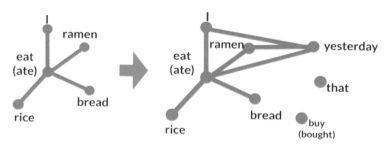

[그림 48] 이미 알고 있는 표현에서 단 하나의 정보가 새롭게 연결되는 것이 가장 쉽다

I eat를 배웠다면 그다음에는 ramen이란 단어를 하나 더 연결시켜 I eat ramen을 점진적으로 배워나간다. 연결된 이전 경로 없이 갑자기 껑충 뛰어 I ate ramen that I bought yesterday를 배우기는 어렵다. 그러나 현실에서는 학교나 학원에서 이렇게 레벨이 껑충 뛰는 자료로 교육하는 경우가 허다하다.

픽션이나 만화, 그림책 등 아이들이 좋아하는 분야를 통해 CCI를 하게 되면 여러 어휘를 점진적으로 쌓게 된다. 그리고 이런 단어가 아이가 성장함에 따라 학술적인 책을 이해하는 데 필요한 어휘를 연결하는 징검다리 역할을 한다. 교육상 좋지 않은 만화책만 줄곧 보게 되는 것은 아닐까 하는 걱정도 기우에 가깝다. 철이 들거나 나이가 들수록 좋아하는 장르가 변하기 때문이다. 언어학자 크라센 박사도 아이들이 만화책을 읽는 것은 좋은 방법이라고 권

한다. 심지어 크라센 박사 자신도 모국어인 영어로는 절대로 읽지 않을 불량 서적을 언어를 배우기 위해서 읽는다. 필자 역시 외국어를 배울 때에는 한국 드라마로는 절대로 보지 않을 외국어 막장 드라마를 보곤 한다. 이유는 흥미로울수록 습득하는 정도가 커지기 때문이다. 그러나 이런 선호도는 결국 바뀐다. 보면 볼수록 같은 이야기처럼 느껴지기에 흥미를 점차 잃어 다른 분야로 눈을 돌리기 때문이다.

책의 레벨이 아이에게 적당한지 두 가지 방법으로 쉽게 판단할 수 있다.

1. 읽혀보기: 읽는 속도나 발음이 얼마나 자연스러운지 판단해 본다. 발음, 톤이 자연스럽지 않고 더듬더듬 읽는다면 문장을 제대로 이해 못 하거나 모르는 단어가 많다는 뜻이다.
2. 모르는 단어 수 세어보기: 수용어휘력을 확인해 본다. 정말 깊게 이해하고 있는 단어를 제외하고 모르는 단어의 수는 어느 정도인지 스스로 헤아려 보게 한다.

모르는 단어 수(중복포함) / 전체 단어 수 = 2~5% 이내가 가장 적당하다.

그런데 학원에서 어려운 교재로 공부하는 경우가 비일비재하다.

뇌과학 외국어 학습 혁명

학원 선생님들이 그 자료가 어렵다는 것을 몰라서일까? 아니다, 정반대다. 어렵다는 것을 잘 이해한다. 소비자가 불안을 느끼게 만들어 구매를 유도하는 공포 마케팅 기법이기 때문이다.

어려운 교재로 공부하게 되면 어떤 문제가 생길까? 긴 시간 배우지만 언어 습득이 이루어지지 않는 학습이 자주 반복된다. 학습적으로 접하고 외우게 만들면 시험 점수가 일시적으로 높게 나오지만, 이런 지식은 빨리 잊게 된다. 결국 학원을 계속 다니게 만들지만, 영어 레벨은 잠시 나아졌다가 다시 잊어버리는 것을 되풀이한다. 모순적인 건 아이들이 스스로 영어 숙제를 하거나 영어를 읽을 때 더 크게 향상한다. 학원 수업 1시간 대신에 스스로 재미난 영어 이야기를 한 시간 읽으면 더 큰 향상이 일어난다.

두 가지 예를 들어 보자.

학교나 학원에서 매일 한 시간 영어 수업을 받는 학생과 자발적 독서로 자신이 좋아하는 분야의 책을 영어로 매일 한 시간 읽는 학생이 있다고 가정해 보자. 일 년 후 두 학생의 레벨은 어떻게 될까? 자발적 독서를 하는 학생의 레벨이 더 높아진다. 5년 후라면 어떻게 될까? 자발적 독서를 하는 학생의 영어 레벨은 수업받는 학생의 최소 2~3배 이상이 된다. 자발적 독서로 영어 레벨을 크게 향상할 수 있음에도 왜 많은 학생이 이렇게 하지 않는 것일까?

교육계에 전반적으로 문법 중심 교육의 영어교습 방법에 대한 믿음이 만연한 것도 이유일 테지만 어휘수용력에 대한 이해가 부족한 탓도 있다. 영어 원어민도 어려워하는 수능 영어 시험을 치르기 위해서 학생들은 자신의 레벨보다 더 높은 영어 자료를 늘 활용해야 한다. 문법을 배워야 시험을 잘 치르고, 단어 암기를 잘해야 단어 시험을 잘 맞추기 때문일 것이다.

책 읽기는 단기적으로 시험 성적에 영향을 미치지 않는다. 그래서 단기적으로 좋은 성적을 내기 위해서는 책 읽기가 현명한 선택이 안 될 수도 있다. 그러나 5년 이상 지나면 달라진다. 대표적인 사례로 일본의 한 여자 중학생이 토익 980점을 받아 화제가 되었다. 이 아이는 영어를 3살부터 배우기 시작했다. 영어를 많이 듣고 7살에 해리포터 소설을 완독할 만큼 수많은 책을 읽었다. 이 아이의 방안에는 영어 원서가 수없이 많이 있으며 해리포터처럼 좋아하는 책은 여러 번 읽었다. 영어 선생님과 화상통화를 통해 회화 연습도 늘 했다. 그런 결과 중학생 1학년에 토익을 980점을 받은 것이다. 이 아이는 특별한 재능이 있는 것이 아니다. 읽기를 통해서 얼마든지 영어 시험도 높은 점수를 받을 수 있다.

따라서 아이들에게 학습지나 플래시 카드, 패턴 문장 암기하기보다는 이야기책을 많이 읽기를 추천한다. 이렇게 배움으로써 어학 시험은 자연스럽게 해결할 수 있다. 문법 공부를 해서 잠시 올린 어학성적은 단기간밖에 지속되지 않지만 읽기를 통해 쌓아 올린 것은 사라지지 않는다.

그리고 아이들은 자신감이 생길 때 언어를 더 잘 배우는 특성을 보인다. 아이를 불안하게 만드는 것은 아무런 도움이 되지 않으며 칭찬은 고래도 춤추게 만든다. 아이에게 가장 쉽고 재미난 책을 읽게 해보자. 일 년을 해보자. 영어 실력이 얼마큼 향상하는지 스스로 깨닫게 될 것이다. 쉽고 재미있을수록 더 잘 배운다.

아이에게 추천할 만한 책은 다음 조건을 충족할수록 좋다.

1. 아이가 흥미를 갖는 자료
2. 일상생활 관련 쉬운 이야기
3. 추상적인 문장보다 구체적이고 사실을 묘사하는 표현이 많은 책
4. 대화체가 많은 책

> 몰입할 수밖에 없을 만큼 흥미가 있는 것을 읽으면 언어 습득이 일어난다.

제19장
어떻게 아이 외국어 교육을 지도할까?

어른이 영어를 공부할 때는 여러 방법이 있다. 교재를 공부하거나, 노래, 유튜브, 드라마, 영화 또는 인터넷 강의를 시청한다. 열심히 공부하고자 한다면 스스로 여러 표현을 정리하고 복습한다. 아이들은 어른처럼 능동적으로 학습하려는 동기가 약하며 학습 방법도 대부분 모른다. 어른의 도움이 필요할 수밖에 없다. 그럼 어른으로서 어떻게 아이들이 언어 습득을 할 수 있도록 도울 수 있을까?

기본적으로 두 가지로 나누어 보자. 인풋은 듣기와 읽기로 얻어진다. 아이가 이해할 수 있을 정도로 아주 쉽고 흥미로운 교구를 사용해야 한다. 그리고 많이 듣게 하는 것이 가장 첫 번째 할 일이 된다. 아이가 듣고 있는 소리가 어떤 의미인지를 이해시키는 것이 관건이다. 이해한 표현을 여러 번 반복해서 접하면 결국 아이도 그 말을 할 수 있다. 따라서 어른은 아이에게 외국어 소리를 들려주고 이해시키는 것을 매일 하면 된다. 단, 재미가 있어야 함은 필수 사항이다. 그런 이유로 재미있는 이야기를 들려주는 것이다.

그리고 그림책이나 이야기책을 함께 읽음으로써 읽기 능력은 물론 조금씩 문자를 익숙하게 한다. 물론 책을 읽는 것을 아이가 무척 싫어한다면 잠시 미룰 수도 있다. 듣기와 읽기를 매일 하며 필수적으로 주고받는 대화를 매일 한다. 아이들은 주고받는 대화를 통해 언어를 가장 잘 배우기 때문이다. 대화를 통해 회화가 향상되면 듣기, 읽기, 쓰기 능력도 함께 향상한다. 연령이 어린 아이들이 읽기만 집중하면 듣기, 말하기, 쓰기 능력을 향상하는데 상대적으로 더 긴 시간이 걸린다. 다시 말해 회화 능력을 향상하기 위해 책을 읽는 것은 큰 선순환이 일어나지만, 책만 읽으면 듣기 이해력이 크게 향상되지 않는다. 책 음원을 듣는 것과 실제 사람에게서 듣는 소리는 전혀 다르며 이 차이는 아이들에게 실로 크다. 어른의 경우에는 일반적으로 대화 비중보다 읽는 비중이 높은 것이 더 좋다.

따라서 현실적으로 부모가 외국어로 의사소통이 안 된다면 외국어로 의사소통할 수 있는 사람의 도움을 구하는 것이 가장 현명하다.

일반적으로 제16장에 언급한 것처럼 부모와 대화를 많이 하는 아이일수록 외국어도 더 잘 배운다. 가정에서 대화 시간이 적은 아이일수록 외국어를 배울 때 비교적 말수가 적다. 그래서 배우는 것이 상대적으로 느린 경향을 보인다. 아이가 외국어를 배우기 시작하면 자라왔던 환경에 의한 영향을 크게 받는다. 필자의 회화 수업에서도 여러 학생을 볼 수 있는데 일반적으로 부모와 대화가 적은 아이들은 회화 수업에서도 다소 느린 발달을 보인다. 이것을 해결하려면 먼저 부모와 많은 대화를 나누는 것이 큰 도움이 된다.

나이가 어릴수록 부모가 원하는 데로 외국인과 대화를 잘하려는 반면에 사춘기에 접어들수록 부모의 바람보다는 스스로의 동기에 따라 결정한다. 아이들은 외국인 친구와 함께 노는 것이 아닌 이상은 외국어를 잘 배우고 싶다는 동기가 매우 약하다. 외국에 사는 아이들은 주변에 외국인 친구들이 많아서 자연스럽게 외국어를 배워야 한다는 동기를 가지지만 단일민족인 한국 내에서는 그런 동기를 가지기 어렵다. 따라서 외국인과 대화를 나눌 수 있는 환경을 마련하고 아이가 책을 많이 읽을 수 있도록 어른의 지도가 필요하다. 그리고 사춘기 이전에 잘 다듬어지면 이후에 철이 들면서 스스로 잘 배울 수 있는 원동력이 된다. 초등학생 3~4학년이 될 때 A2~B1 이상의 레벨이 되면 스스로 원서를 찾아서 읽을 정도로 능동적으로 변하는 아이들이 많다. 관건은 사춘기 이전에 그 정도의 레벨에 도달하느냐 못하느냐이다.

그래서 필자는 만 9-10세 이전까지를 외국어를 잘 배울 수 있는 최고의 기간이라고 간주한다. 이 연령을 초과하면 여러 과목 학습량이나 외부 활동으로 외국어를 배우는 시간이나 노력이 크게 약화된다. 실제로 여러 초등학생 1~3학년생이 4~6학년생보다 더 잘

뇌과학 외국어 학습 혁명

배운다. 그리고 이전에 잘 배웠던 1~3학년이 고학년이 되어서도 언어 레벨은 더 상승한다. 반면에 4~6학년에 시작한 경우는 중학교에 올라가면 영어 회화 레벨은 낮아지는 경우가 많으며 중국어 등 다른 언어는 시간적 여유가 없어서 등한시되는 경우가 많다.

외국어를 배울 때 일반적인 회화가 유창해지면서 그 언어가 일정 부분 모국어처럼 편안하게 느껴지는 시점이 있다. 이런 레벨이 형성되는데 매일 2시간 이상 배울 때 대략 4~5년 이상 걸린다. 이것을 핵심 레벨이라고 가정해 보자. 이 시점에서는 그 언어를 사용하지 않아도 상당 부분 간직할 수 있다. 그리고 멈추었다가 다시 배워도 상당히 빨리 이전의 레벨에 도달할 수 있다. 물론 이런 기간은 언어마다 다르다. 한국인에게 쉬운 일본어의 경우는 더 빨리 단축된다. 중국어는 일본어보다 시간이 더 걸린다. 영어는 일본어의 두 배 가까이 걸린다.

아이들의 경우 이 핵심 레벨에 도달하면 그다음부터는 스스로 척척 해 나갈 가능성이 커진다. 매일 두 시간 배운다고 가정해 보자.
매일 대화를 30분씩 두 번 하여 1시간 하고 읽기와 듣기를 나누어 30분씩 한다면 가장 좋겠지만 여의찮다면 각 영역을 30분씩 골고루 나누는 것도 좋다. 어른의 경우라면 이 비율은 달라진다.

일반적으로 언어 학습을 어떻게 하느냐에 따라 결과는 천차만별이다. 전통적 학습 방법인 단어암기, 패턴암기, 문법 공부, 문제 풀기로는 핵심 레벨에 도달하기 어렵다. 시간이 오래 걸리는 과정이기 때문에 시행착오를 나중에 깨닫게 되더라도 이미 수년이 지나버린 후가 된다. 간단히 얘기하면 대화와 책 읽기만 해도 적정시간 후에 핵심 레벨에 도달할 수 있다. 따라서 최소한이라도 연구에 기반한 아이들 교육 방법에 대해서 많이 이해할수록 시간과 금전을 아끼는 길이 된다.

> 핵심 레벨에 도달하고 난 후부터 아이들은 스스로 잘 배울 수 있다.

제20장

아이가 외국어를 잘 배우는지 판단하는 방법은 무엇일까?

    아이들이 외국어를 잘 배우기 위해서는 그 언어를 일상생활 속에서 배우고 타인과 그 언어로 상호작용하면서 배워야 한다. 그러기 위해서는 이야기를 나누는 상대방과 감정적으로 친밀한 관계가 형성되는 경우가 많다. 만약에 학습적으로만 접근하면 아이들이 배우는 정도가 매우 약해진다. 그래서 아이가 외국어를 잘 배우기 위해서는 꼭 의미 있는 대화가 필수조건임을 이해하는 것이 좋다. 그럼 어떤 대화가 효율적인지 몇 가지 기준을 보자.

가. 1분당 오가는 대화의 정도

상대방과 주고받는 대화를 어느 정도 하고 있느냐이다. 주고받는 대화 속에서 문장의 개수를 살펴보면 간단히 알 수 있다. 단어가 아니라 온전한 문장의 개수이다. 색깔 단어를 가르치기 위해 red, yellow를 큰 소리로 따라 하는 것은 주고받는 대화에 해당하지 않는다. 대화가 많이 오가기 위해서는 아이와 대화하는 어른이 아이의 레벨을 고려하여 사용하는 문장과 단어를 조절해야만 한다. 아주 초보라면 문장의 단어가 3~5개 이내의 짧은 문장으로 말하는 것이 좋다.

예를 들어 보자.

Teacher: What did you have for dinner?

Student: I had ramen.

Teacher: Ah, you had ramen. Who cooked the ramen?

Student: I cooked it.

Teacher: You know how to cook ramen?

Student: Yes, I know it.

Teacher: I have never eaten ramen before.

Student: Why is that?

Teacher: We don't have ramen here.

Student: Really? They don't have it at the supermarket?

Teacher: No, they don't have ramen here at the supermarket.

Student: Oh, I see.

Teacher: I want to try it too.

Student: Yes, you should try it. It's good.

Teacher: Yes, if I have the chance, I will try it.

Student: Especially try 00 ramen.

Teacher: Why? Is it tasty?

Student: Yes, it's my favorite ramen.

위 영어 문장의 수는 총 20문장이다. 짧고 간결하게 주고받는 질문과 대답에 초점이 맞춰 있다. 그리고 단어가 계속 중복되어 나온다. 순조롭게 이어지는 대화 속에 새로운 단어가 하나씩 나오더라도 문맥을 통해 자연스럽게 유추하고 배울 수 있다.

이렇게 짧은 문장으로 대화를 하여 이 대화가 능숙해지면 단어를 하나 더 증가시키는 방법으로 대화한다.

Teacher: What did you have for dinner (today)?

Student: I had ramen (again).

Teacher: (Again) you had ramen? (Did you cook it yourself today too)?

Student: Yes, I (did) it.

Teacher: (Do you eat ramen every day)?

Student: No, (I don't eat it every day).

    기존의 문장에서 새로운 단어를 하나 더 추가해서 조금 더 새롭게 대화하면 이전에 배웠던 단어를 강화하면서 추가되는 단어 연결이 어떻게 되는지 이해함으로써 문법도 자연스럽게 배울 수 있다.

나. 아이의 실생활 관련성

아이와 얼마나 직접적인 관련이 있느냐에 따라서 아이가 그 언어를 흡수하는 정도가 크게 달라진다. 일반적으로 국내 대다수 회화 수업에서 이루어지는 대화는 아이와 의미 있는 대화를 나누지 않는다. 오로지 새로운 표현이나 단어를 가르치는 형식을 취한다. 무미건조하게 이루어지는 대화는 수업 시간 이후 배운 내용을 상당 부분 잊게 만든다. 감정이 언어 학습에 지배적인 영향을 미친다는 것을 잊지 말자. 상대방이 나의 친구, 누나, 언니, 이모, 삼촌처럼 친근한 사이에서 이루어지는 실제 대화라면 아이들은 아주 잘 배우게 된다.

어느 날 한 영어 선생님이 수업 시간에 학생에게 이런 질문을 하기 시작했다. "오늘 날씨가 어때요?", "좋아하는 색깔은 뭐예요?", "취미가 뭐예요?" 이런 여러 질문을 하는 이유는 교재에 그런 내용이 있기 때문이다. 교재를 보면 너 나 할 것 없이 날씨, 색깔, 취미 등 관련한 여러 단어가 나온다. 그러나 필자는 그 선생님에게 이런 질문을 한다. "학생에 대해서 그것을 알고 싶어서 물어본 거예요, 정말? 선생님이 친구를 처음 사귈 때 날씨, 색깔, 취미를 물어봐요? 아니면 정말 그 사람에 대해서 알고 싶은 다른 질문을 해요?"

이런 질문을 받으면 선생님이 곰곰이 다시 생각하기 시작한다. 그리고 정말 그런 것을 알고 싶어서 질문하는 것은 아님을 인정한다. 정말 의미 있는 대화는 서로가 상대방과 정말 나누고 싶은 이야기를 뜻한다. 대부분 개인적인 대화가 많다. 부모에게는 하지 못했던 말들을 선생님에게 할 수 있는 그런 개인적인 대화도 있다. 이런 대화를 나누기 시작하면 선생님과 학생 사이의 대화가 크게 달라진다. 외국 이성친구를 사귈 때와 같은 효과가 일어난다. 학생이 외국어를 아주 잘 배우게 되는 것이다. 진정한 대화를 나누면 수업이 아닌 것 같은 분위기가 형성되지만 이로 인해 아이들은 외국어를 정말 빠르게 배운다. 이런 차이를 이해하는 것은 실로 중요하다. 어른의 회화 수업에서 이루어지는 대화도 다르지 않다.

다. 게임 및 노래 수업은 효과적인가?

　수업에 즐겁게 참여하는 것은 적극 권장하는 사항이다. 그러나 대화 외적인 방법으로 수업을 진행할 때 1분당 오가는 대화를 따져보면 이해하기 쉽다. 게임을 하거나 노래를 통해 수업할 때는 대부분 주고받는 문장의 개수가 적다. 영어유치원에서 노래와 율동 등으로 영어를 가르치지만, 상대적으로 영어 향상이 더딘 이유가 직접적인 대화를 하지 않기 때문이다.

라. 아이 표정 주의해서 보기

선생님과 대화할 때 아이의 표정이 굳어진 상태로 오랫동안 진행된다면 그 아이는 그 언어를 잘 못 배우고 있다는 것과 같다. 이유는 여러 가지가 있다. 아이 스스로 외국어 배우기를 원하지 않는 것 외에도 아이의 관심 밖 주제, 의미 없는 대화, 대화의 난이도, 문법 및 단어 설명 등 여러 이유가 있다. 일반적으로 선생님 측에서는 적극적으로 아이에게 관심을 가지고 진정 어린 대화를 시도하려 하면 아이도 마음을 열게 마련이다. 그러나 새로운 단어와 표현만 가르치는 수업 형태로 진행하면 아이의 정의적 여과 필터가 상승하고 언어 습득 정도는 극도로 낮아진다. 이런 수업은 대부분 아이가 웃지 않는다. 아이의 표정은 많은 것을 보여준다.

> 1분당 오가는 대화 수와 아이의 표정을 살펴보자.

제21장

의미 있는 대화란 것은
어떤 것을 의미할까?

    외국 여행을 간 것을 상상해 보자. 중국 어느 시장에 가서 맛있어 보이는 과일을 보고 사고 싶어졌다. 여행객이 같이 간 가이드에게 '이거 얼마예요?'를 중국어로 뭐라고 하는지 배운다. 몇 번의 발음교정과 표현을 연습한 뒤 상인에게 직접 물어본다. 그때 상인이 가격을 얘기해준다. 몇 번의 시도 끝에 가격을 알아들은 여행객은 그 과일을 산다.

두 개의 질문

- 며칠 후 이 여행객은 '이거 얼마예요?'를 중국어로 기억하고 있을까?
- 그 과일의 금액을 기억하고 있을까?

천재가 아닌 이상 단 한 번의 사용으로 중국어 표현을 오랫동안 기억할 수는 없다. 그러나 둔재가 아닌 이상 대략적인 금액은 기억하기 마련이다.

왜 이런 현상이 일어날까?

우리는 핵심이 되는 메시지를 잘 기억한다. 나 자신에게 가장 의미가 있고 중요한 정보는 가려서 기억하려 한다. 위 상황에서 상인과 여행객이 오간 대화 내용에서 메시지의 핵심은 '과일의 가격'이다. 그래서 여행객은 그 과일의 가격을 오랫동안 기억할 수 있다. 반면에 이미 사용 목적을 달성한 중국어 표현 '이거 얼마예요?'는 다시 그 상황이 반복되지 않는 한 쉽게 잊게 되는 것이다.

다른 예를 들어 보자.

엄마표 다개국어로 엄마가 '이거 얼마예요?'란 표현을 직접 배워서 아이에게 가르친다면 엄마는 아이보다 그 표현을 서너 배 이상 오랫동안 기억할 수 있다. 이유는 바로 그 표현이 엄마가 아이에게 전달하고자 하는 메시지가 되기 때문이다. 반면에 아이는 적극적으로 주의를 기울이지 않는다면 수동적으로 배우는 학습자에 그친다. 따라서 아이는 엄마보다 더 오래 기억할 수 없다. 반대로 아이가 '엄마 내가 '이거 얼마예요'를 중국어로 뭐라고 말하는지 알려줄게요'라고 말하면서 엄마에게 가르쳐주면 아이가 더 잘 기억하게 된다. I teach you 방법이 효과적인 이유다.

따라서 외국어를 배우는 데 있어서 이 의미를 이해하는 것은 매우 중요하다.

언어를 배우는데 메시지에 주의를 기울이고 집중할수록 우리는 그 언어를 더욱 잘 배운다. 언어의 구조나 문법 설명에 집중하는 것은 효과가 매우 낮다. 타인에게 전달하고자 하는 메시지가 될 수 없기 때문이다. 문법을 가르치는 영어 선생님이 한국어로 학생들에게 전달하고자 하는 메시지인 문법 설명에 대해서는 전문가가 될지언정 정작 메시지를 전달하는 회화 실력은 향상하지 못하는 이유이기도 하다. 회화 실력이 낮은 영어 선생님이 회화 실력을 향상하려면 영어로 메시지를 전달하는 그 대화 자체에 집중해야 한다.

엄마표 다개국어로 자녀를 지도한다면 교재의 표현을 외우게 하는 것보다 그 표현을 부모 자녀 간 의사소통의 도구로 직접 활용하면 더욱 좋다.

[그림 49] 학습시키는 방법과 직접 아이와 대화하는 방법

'밥 먹자'를 영어/중국어/스페인어로 어떻게 말해? 라고 가르치는 것이 아니라,

실제로 밥 먹기 전에 아이를 부르면서 'Let's eat', '吃饭吧', 'Comamos'라고 표현하면 자녀는 교재를 통해서보다 더 쉽게 그 말을 배우게 된다. 왜냐면 전자는 교재 내용을 지식으로 전달하는 방식이며 후자는 메시지를 전달하고 있기 때문이다.

아울러 이 의미를 제대로 이해한다면 시중에 있는 여러 교재와 유용한 표현 모음, 패턴 문장, 언어 학습 앱 등 여러 매체는 보조적인 수단으로 활용하는 게 좋다. 구태여 그 정도를 얘기한다면 30% 미만으로 활용하는 것이 좋다는 것이 필자의 생각이다.

즉 한 시간 동안 외국어를 공부할 때, 교재 활용은 20분 미만으

뇌과학 외국어 학습 혁명

로 하는 것이다. 교재는 그림책이나 이야기책 또는 자신이 좋아하는 유튜브나, 음악, 드라마, 또는 영화를 이해하기 위해 여러 표현이나 단어를 미리 익혀서 참고하기 위한 용도로 쓴다. 외국어를 처음 배울 때 교재 첫 장에서 인사표현에 대해서 참고하였다면 유튜브 등에서 인사를 나누는 영상 자료를 찾아 그 내용을 실제로 학습, 연습, 복습하는 방법이 좋다. 물론 교재 없이 바로 유튜브에서 처음부터 인사표현을 직접적으로 바로 배우면 더욱 좋다.

아래 그림에서 보면 아이 언어 교육에 큰 차이가 있다.

[그림 50] 아이를 학습시킬 때

아이를 지도하는 방법이다. 수학, 과학, 역사 등에 유용할 것이다. 가르치는 형태이며 아이 스스로 학습하는 방법이다. 이럴 때 학습지 등 어학 문제 풀이를 하는 것은 공부이지 언어 습득과는 거리가 멀다. 책을 읽는 것이 더 좋은 방법에 해당한다.

[그림 51] 아이와 대화할 때

아이와 대화를 나누고 있다, 언어 습득은 위처럼 직접적이고 의미 있는 대화를 나눌 때 이루어진다. 외국어가 불가능한 부모라도 한국어로 자녀와 그날 배운 외국어에 대한 얘기를 나누어도 좋다. 그날 배운 내용이나 표현에 대해서 자녀에게 물어보는 것이다. 아

뇌과학 외국어 학습 혁명

이가 배운 것을 설명함으로써 아이는 한 번 더 배우게 된다.

아이들은 지식 전달이 아닌 주고받는 메시지를 통해 언어가 발달한다.

제22장
일주일에 2번 수업 효과적일까?

　제9장에서 회백질과 시냅스 연결을 언급했듯이 외국어 공부는 매일 하는 것과 주 2회 하는 것은 큰 차이가 있다. 만약 주말을 제외하고 일주일 5번 영어를 배우는 학생과 3번을 배우는 학생은 일년 후에 비례한 시간만큼 레벨이 달라질까?

　일주일에 3번 배우는 학생이 5번 배우는 학생의 3/5이 될 거 같지만 대다수 학생은 주 5회 학생의 2/5이하로 떨어지는 경향이 있다. 월, 수, 금요일에 수업을 한다고 가정해 보자. 월요일에 배움으로써 잠시 활성화되었던 뇌가 화요일에는 다시 수축한다. 수축하였던 영역이 수요일에 수업함으로써 다시 활성화된다. 그리고 목요일에 다시 수축한다. 이런 과정을 수도 없이 반복한다. 반면에 월요일부터 금요일까지 배우는 학생은 주말 동안은 수축이 되지만 월요일부터 5일간은 반복해서 활성화된다. 활성화되고 재강화하고 새로운 정보가 더 축적이 된다. 이런 면에서 주 5회는 주 3회보다 크게 효과적이다.

시간적으로 계산해 봐도 같다.

일주일에 30분씩 두 번 1시간 동안 외국어를 배운다고 가정해 보자. 한 달이면 4시간, 일 년이면 48시간에 달한다. 5년 동안 이렇게 배우면 총 240시간이 된다. 매일 30분씩 배워서 240시간이 도달하려면 2년 걸린다. 5년 동안 배운 레벨과 2년 배운 레벨을 비교하면 같을까? 매일 30분 배우면 2년 후에 A2 레벨에 도달할 수 있다. 그러나 일주일 한 시간 5년으로는 A1 레벨 정도이다. 같은 시간을 매일 공부할 때 한 단계 올리는 시간은 전 단계 두 배의 시간이 걸린다. 따라서 적은 시간으로 5년 배우는 것은 극히 효율이 낮다. 5년 동안 낮은 레벨에 머물러 있다면 대부분 자신의 언어가 향상되는 정도를 느끼지 못한다. 그리고 두 번의 연습 후에 5일 동안 사용하지 않게 되므로 금세 잊게 된다. 따라서 매회 배우는 정도가 매우 약하다. 제9장 뉴런으로 설명했듯이 새로운 자극이 계속 주어지지 않으므로 연결고리가 쉽게 끊어지고 다시 이어지고 끊어지기를 반복하기 때문이다.

일반적으로 아이들이 외국어를 배울 때 일주일에 2번 이렇게 정하는 이유는 다른 방과 활동이 많기 때문일 것이다. 많은 것을 배우는 것도 중요하지만 외국어 향상에 있어서는 가장 중요한 우선순위를 판단해서 집중하는 것이 효율적이다. 예를 들어 영어, 중국어를 동시에 배우면서 각각 일주일에 두 번만 나누어서 배우고 있고 다른 활동을 절대로 포기할 수 없다면 두 언어 중에 더 중요한 하나에 집중하는 것이다. 그리고 다른 언어는 첫 번째 외국어가 유창해진 후에 다시 시작해도 늦지 않다. 다 함께 배울 시간이 부족한데도 함께 학습하려면 몇 년이 지나도 두 언어의 레벨이 기초 수준에 머물게 될 뿐이다. 일반적으로 향상하지 않는다고 느껴지면 금세 포기하기 마련이다.

그리고 다양한 방과 활동과 학습은 아이의 언어 습득과 배치되는 부분이 많다. 예를 들어 수학 방정식을 열심히 공부한 후에 언어를 공부하는 학생은 언어를 배우는 정도가 크게 약해진다. 이미 수학 공부에 두뇌가 여러 에너지를 쏟아버린 후이기 때문이다. 그래서 이런 경우 필자는 언어 공부를 먼저 하게 한 후 수학을 다음 시간에 두기를 권장하기도 한다. 주고받는 대화 형태로 외국어를 배우면 자전거를 타면서 배우는 것처럼 에너지가 크게 소요되지 않는 암묵적 학습이 된다. 이는 측두엽에서 정보를 많이 처리하지만, 수학은 전두엽, 두정엽, 후두엽 측두엽, 두뇌의 여러 부분을 활용해야 하는 명시적 학습이기 때문이다.

일반적으로 태권도 등 운동은 언어 습득에 도움이 된다. 그러나 운동 직후 수업을 하는 경우 피곤함으로 인해 외국어 배움이 낮아지는 아이들이 상당히 많다. 이럴 때도 외국어 공부를 운동 전으로 변경함으로써 언어 학습은 물론 운동에도 큰 영향을 끼치지 않는다. 오히려 학습 후 서너 시간 후에 하는 운동은 학습 효율을 올

뇌과학 외국어 학습 혁명

린다는 연구결과도 있다. 따라서 여러 방과 활동 및 외국어 학습 시간을 효율적으로 편성하면 아이의 학습 효율을 크게 올릴 수 있다. 그리고 일반적으로 방과 활동이 너무 과하면 방과 활동 학습은 물론 언어 학습도 낮은 경향을 보인다. 학습량이 너무 많은 것에 기인하며, 시간에 쫓기듯 여러 활동을 하는 아이들은 정신적으로 피곤한 상태가 지속되는 경우가 많다. 그리고 그런 피곤함은 겉으로 잘 나타나지 않는다. 제2장에서 동공의 크기를 얘기했듯이 아이의 눈을 잘 살펴보면 집중력이 낮은 경우가 많다. 이런 경우는 여러 아이의 눈 상태를 관찰하다 보면 쉽게 판단할 수 있다. 부모 입장에서는 다른 아이들의 눈을 제대로 관찰할 수 없기에 자녀의 집중도를 쉽게 판단하지 못하는 애로점이 있다.

결국 외국어는 매일 배우는 것이 가장 효과적이다. 주에 한 시간보다는 10분이라도 매일 배우는 것이 가장 효과적이다.

여러 방과 활동과 학습을 할 때와 오로지 외국어를 배울 때 외국어 습득 정도는 어느 정도로 달라질까? 필자가 관찰해 온 세 그룹의 학생들이 있었다.

A그룹은 영어, 중국어, 스페인어를 동시에 배웠고, B그룹은 영어, 중국어를 배웠다. 그리고 C그룹은 세 언어 중에서 하나를 선택해서 배웠다. 일년이 지난 이 세 그룹의 학생 중 하나의 언어만 배운 학생들보다 세 언어를 동시에 배운 아이들이 더 높은 레벨에

도달했다. 더군다나 각 언어의 레벨을 하나씩 비교해도 대부분 더 높은 수준을 보였다. 이 학생들의 공통점은 방과 후 다른 학습 활동이 거의 없었다는 데 있다. 외국어 수업 하나만 배웠던 학생들은 대부분 다른 방과 후 학습이나 활동이 있었다. A그룹이 더 높은 성과를 보였던 이유는 오후 시간은 대부분 언어 수업을 받고 그 외에는 쉬는 시간이 많았다. 다른 그룹보다 최적의 상태에서 수업이 이루어져서 언어 습득 정도가 더 클 수밖에 없었다.

이처럼 매일 언어를 매일 노출하고 배우는 것은 아주 중요하다. 좋은 결과를 얻으려면 단 10분이라도 매일 해야 한다.

외국어는 단 10분이라도 매일 배우는 것이 가장 효과적이다.

뇌과학 외국어 학습 혁명

제23장
아이들에게 이런 회화 수업은 시키지 말자

의미 있는 대화가 언어 습득에 있어서 아주 중요하다고 언급한 바 있다. 회화 수업에서 의미 있는 대화를 하지 않는 사례를 열거해 보면 아래와 같다.

가. 색깔을 가르치는 경우

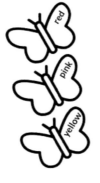

blue
green
yellow
purple
pink
red

It is a purple butterfly

It is a yellow cat

It is a green tree

[그림 52] 아이들을 위한 수많은 기본 영어 교재가 이런 경우가 많다

색깔을 쉼 없이 여러 개 알려주는 경우 아이들은 3~4개 이상을 초과해 버리면 잘 기억하지 못한다. 우리의 두뇌는 동시에 3~4개 이상의 정보를 기억하지 못한다는 것을 유의하자. 아래 실험을 해 보면 바로 알 수 있다. 아래 일련의 숫자를 한 번에 보고 1분간 외워보자. 그리고 다른 일을 한다. 10분 후에 저 숫자를 기억하는지 스스로 책정해 보자.

652115451

만약에 위 숫자를 3개의 덩어리로 나누면 외우기가 더 쉬워진다.

652 115 451

뇌과학 외국어 학습 혁명

3개의 덩어리로 나눔 없이 일련의 숫자를 기억하려면 총 9개의 숫자가 된다. 너무 많은 정보이기 때문에 쉽게 기억을 못 한다. 그러나 3개의 덩어리로 나누면 달라진다. 기억하기 용이해진다. 이 모든 것이 동시에 3~4개 이내의 정보만 기억할 수 있다는 것을 이용한 메모리 테크닉의 방법이다. 일련의 숫자는 보통 7개까지 기억할 수 있다.

따라서 색깔에 대한 더 많은 단어를 가르칠수록 아이는 많은 것을 기억 못 한다. 극히 자연스러운 현상이다. 일부 자신이 좋아하거나 주의를 기울였던 단어의 이름만 기억할 뿐이다. 그리고 이런 단어는 이미 이전에 배웠던 것인 경우가 많다. 일반적으로 단어 그 자체만 중점적으로 배우는 것은 제18장에서 언급했듯이 주어, 동사, 보어, 목적어와의 연결이 없는 상태로 배우는 경우가 많다. 연결고리가 약하기에 쉽게 잊는다. 쉽게 잊으니, 선생님이 암기를 강요한다. 연결고리가 약한 단어(L2-L1) 암기 방법으로 배우면 잠깐 기억하지만, 곧 잊고 만다. 단어장 암기 방법이 외국어 학습에서 효율이 낮은 이유다.

나. 문법을 가르치는 경우

The ball is in / under the table

There are flowers on / in the table

The cat is in / on the bed

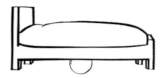

The ball is in / under the bed

[그림 53] 전치사를 익히기 위한 영어 문제 풀이 교재

전치사 on, in, under를 문법적으로 가르치는 경우이다. 여러 전치사의 의미를 비교하면서 동시에 가르치는 것 역시 기억에 오래 남지 않는다. 이해가 쉽게 되는 것과 기억을 잘할 수 있는 것은 차이가 있다. 더군다나 시간이 지나면 각 단어의 의미가 혼동이 생긴다. 따라서 대화를 통해 전치사를 설명해야 할 필요가 있을 때 다른 전치사 하나 또는 두 개와 비교하는 것이 좋다. 그리고 그 의미를 충분히 이해했다면 대화를 계속해서 나누는 것이 더 효과적

뇌과학 외국어 학습 혁명

이다. 그러나 대부분의 선생님이 이렇게 하지 않는다. 교재에 여러 전치사가 있기에 한꺼번에 다 가르치려 한다. 학생에게는 너무 많은 정보가 한꺼번에 순식간에 들어가는 것이라서 기억을 못 한다. 그리고 선생님들은 다음날 학생이 제대로 기억 못 한다는 것을 깨닫고 화가 나거나 좌절하는 사람들도 있다. 근본적인 문제가 선생님 자신의 수업 방식에 있다는 것을 깨닫지 못하기 때문이다.

다. 대화 연습을 하는 경우

Dialogue Context

Alex: Hi! What's your name?
Emily: Hi! My name is Emily. What's your name?
Alex: I'm Alex. Nice to meet you, Emily!
Emily: Nice to meet you too, Alex! Do you want to play together?
Alex: Sure! What do you want to play?
Emily: Let's play tag! I'll be "it" first.
Alex: Okay, I'll run and try not to get caught!
Emily: Ready, set, go!
(Kids start playing tag and chasing each other around)

[그림 54] 선생님과 학생이 번갈아 대화 문장을 읽는 것은 효과가 높을까?

대화 문장을 학생과 선생님이 서로 나누어 읽으면서 연습하는 경우도 많다. 저런 다이얼로그 연습은 수업에서 할 필요가 전혀 없다. 자신과 직접적으로 관련이 없는 대화 연습이기에 생각 없이 읽어내기 때문이다. 따라서 대화 연습을 하고 싶다면 선생은 학생과 두 사람 간의 직접적인 대화를 하는 것으로 충분하다. 실제로 선생님과 학생이 직접 대화할 수 있음에도 불구하고 나와 무관한 대화 문장을 선생님과 번갈아 읽는 것이 무슨 소용일까? 결국 다시 원점으로 돌아가는 격이다. 진정한 주고받는 대화를 나누어야 한다. 아이들은 스스로 대화 속 주인공이 될 때 외국어를 가장 잘 배운다.

뇌과학 외국어 학습 혁명

위 자료들은 영어를 배우는데 충실하게 만들어져 있다. 따라서 저 자료들을 참고하여 수업하는 것이 잘못된 것은 아니다. 다만 문제는 오로지 교재의 내용 위주로만 수업을 일관되게 할 때이다. 지나치게 학습적으로만 치우치게 되며 의미 있는 대화를 나누지 않는다. 결국 아이의 언어 습득 정도가 낮아진다. 따라서 회화 수업은 학습적으로 배우는 정도를 20~30% 이내로 하되 선생님과 학생이 정말 서로 하고 싶은 대화를 주고받는 것이 가장 좋다.

수업을 통해 외국어를 가장 잘 배우는 방법은 두 가지 핵심은 다음과 같다.

(1) 서로 의미 있는 대화를 나누어야 한다. 선생님이 일방적으로 설명하는 수업은 학생이 많은 것을 기억하지 못한다. 학생은 선생님과의 대화에 주도적으로 자신이 하고 싶은 말을 표현할 때 가장 잘 배운다.

(2) 학생이 잘 이해하지 못한 말, 하고 싶은 말, 문법적으로 중요한 말, 더 원어민다운 표현을 알려줘야 할 필요성이 있을 때 가르친다. 구체적이고 간결할수록 좋으며 대화에 따라 그림을 함께 보여줄수록 기억하는 데 도움이 된다. 두 가지 방법이 있다. 학생의 말을 끊지 않고 자연스럽게 학생 입장에서 반복해 준다. 즉 주어는 I, 我, Yo, 私 등이 된다. 올바른 표현을 문장으로 타이핑해서 보여준다.

이 두 가지만 지켜도 학생이 배우는 정도는 이전보다 2~3배 이상 향상된다. 오랫동안 언어 수업을 해왔지만, 레벨이 크게 향상되지 않는 이유는 위 두 가지가 결여되어 있기 때문이다. 무엇보다 (1)번이 대부분 결여되는 경우가 다반사다. (1)번이 결여되어 있어서 학생을 도와줄 수 있는 (2)번도 제대로 이루어지지 않기 마련이다.

> 아이들은 친구처럼 자신이 하고 싶은 대화를 나눌 때 가장 잘 배운다.

제24장

영어 교재는 쉬울수록 좋다

제7장에서 언급한 것처럼 아이가 배우는 영어 교재나 책은 쉬울수록 좋다. 자료를 보았을 때 아이가 모르는 단어가 적을수록 좋은 것이다.

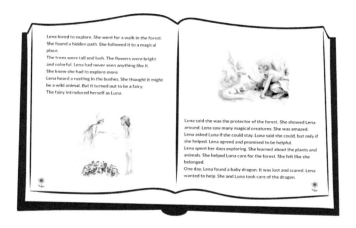

[그림 55] 모르는 단어가 많은 이야기책은 피하자

위 이야기책은 동화책이라서 아이들에게 적합할 것이라고 여겨진다. 그러나 위 내용은 hidden path, lush, rustling, bush, protector, creature, amazed, exploring, belonged. lost, 등 아이들이 모를만한 단어들이 아주 많다. 알아도 다른 단어와 함께 본문에서 어떤 의미로 쓰이는지 의미를 정확히 이해 못 할 수도 있다. 이런 경우 이런 이야기는 아이보다 레벨이 매우 높다. 난이도가 높은지 쉽게 알 수 있는 방법은 아이에게 윗글을 읽어보라고 시키는 것이다.

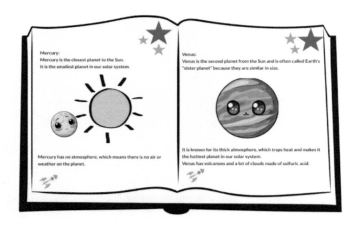

[그림 56] 아이에게 흥미는 가장 중요하다

위와 같은 책은 이야기가 아닌 과학 내용을 담고 있다. 과학 내용을 영어로 배울 수 있으니, 일석이조가 될 수 있을 거 같다. 그러나 과학을 좋아하지 않는다면 마찬가지로 좋은 자료가 되지 못한다. 영어로 과학, 역사, 지리, 자연 등 다양한 분야를 배우게 하고

뇌과학 외국어 학습 혁명

싶은 건 당연지사다. 그러나 아이들은 모험, 판타지, 공포, 로맨스와 같은 이야기를 좋아한다. 모국어도 아닌 영어로 배우는 부담도 있는데 관심 없는 과학을 영어로 배우게 하면 이 아이는 영어도 과학도 제대로 배우지 못할 확률이 높다.

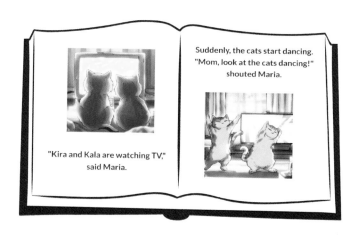

[그림 57] 쉽고 흥미로울수록 아이들에게 적합하다

　문장의 내용을 표현하는 그림과 짧고 간결한 문장으로 이루어져 있어 이해하기 쉽다. 한 페이지당 문장 수가 2~3개이므로 인지부하도 적다. 그림을 통해 문장의 의미 의미를 유추할 수 있다. 대화체도 적절하게 포함되어 있어 회화 표현을 익히는 데 아주 좋다. 위와 같은 이야기책은 영어를 배운 지 일년 이내라도 읽을 수 있는 레벨이다. watch, say, cat, start, dance, look, shout 등 모든 단어가 일상생활에서 가장 빈번하게 사용하는 단어이기 때문이다.

[그림 58] 일상생활 관련 이야기는 모든 학습자가 이해하기 쉽고 유용하다

위 이야기와 마찬가지로 위와 같은 이야기책은 아이는 물론 어른에게도 좋다. 마찬가지로 그림으로 문장이 어떤 의미인지를 쉽게 이해할 수 있게 되어 있다. 어른이라면 이미 영어를 최소 10년 이상 배웠던 사람들이다. 다시 영어를 공부해야 한다면 위와 같은 이야기책을 많이 읽고 듣는 것이 좋다.

제11장에서 언급했던 제스처를 쓰며 큰 소리로 읽는 연습을 한다. 그리고 문법, 단어, 쓰기, 회화까지 향상하기 위해서 번역 방법으로 연습한다. 〈외국어를 과학적으로 배우는 방법〉에서 언급한 것처럼 영어에서 한국어로 번역한 후 며칠 후에 다시 한국어에서 영어로 작문을 연습하는 방법이다. 이렇게 하는 이유는 번역 방법을 통해 문법을 배울 수 있기 때문이다. 그리고 어른의 경우는 꼭 회화 연습을 하는 것이 좋다. 어른이 되어서도 위 레벨의 책을 읽

뇌과학 외국어 학습 혁명

지 못하는 이유는 영어를 사용하면서 배운 적이 없기 때문이다. 더군다나 이해할 수 있는 자료를 많이 듣지 않았기에 영어 소리에 대한 정보가 거의 없다. 따라서 어른은 이야기책을 통해 듣기와 말하기 연습을 많이 해야만 음향 기억을 많이 쌓을 수 있다.

영어 자료는 쉽고 재미있을수록 좋다.

부록

(1) Talkday1 앱

유튜브 영상을 보게 되면 영상 언어에 따라 음성을 인식하여 자동으로 자막을 표시하는 앱. 영상 자막 저장하여 반복 학습 가능. 구글플레이에서 다운로드가 가능하며 안드로이드 폰 및 안드로이드 태블릿에서만 사용 가능하다.

연구에 기초한 시간 간격

YouTube 자막 복습 App

(2) Talkday1 영화 자막 학습 컴퓨터용 프로그램 주요 기능

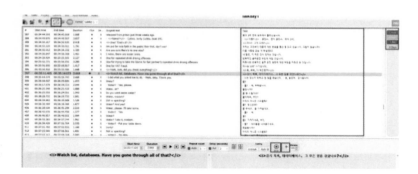

뇌과학 외국어 학습 혁명

- 자막 구글 자동 번역
- 자막을 저장하여 1,3,7,10…여러 시간 간격으로 자동 반복 학습 가능
- 자막의 음성 파형을 보고 듣기 이해력 및 발음 향상(외부 교재도 가능)
- 쉐도잉 연습 및 스피킹 연습에 효과적
- 오디오 MP3 파일을 추출하여 외부에서도 듣기 가능
- 자막을 문서로 출력 가능

다운로드 및 자세한 사용 방법
https://blog.naver.com/lch0206 저자 블로그에서 참고 가능